JN436461

여랑의 들녘

문학과 사람 시인선 006

여랑의 들녘

문학과 사람 시인선 006

초판 1쇄 발행 | 2019년 11월 13일

지 은 이 | 송복례
펴 낸 이 | 김광기
펴 낸 곳 | 문학과 사람
등록번호 | 제2016-9호
등록일자 | 2016년 7월 22일
주 소 | 경기도 시흥시 하상로 36 금호타운 301-203
서울시 마포구 성미산로 1길 30, 2층
전 화 | 031) 253-2575
전자우편 | poetbooks@naver.com
홈페이지 | http://cafe.daum.net/yadan21

ISBN 978-89-89265-97-9 03810

값 12,000원

* 이 도서의 국립중앙도서관 출판시도서목록(CIP)은 서지정보유통지원시스템 홈페이지(http://seoji.nl.go.kr)와 국가자료공동목록시스템(http://www.nl.go.kr/kolisnet)에서 이용하실 수 있습니다.(CIP제어번호: CIP2019043359)

* '문학과 사람'은 1998년 등록되어 출판 진행된 'AJ' 등과 연계됩니다.
* 이 시집은 교보문고와 연계하여 전자책으로도 출간됩니다.

* 본문에서 페이지가 바뀌며 연 구분 공간이 있을 때에는 〉 표기를 합니다.

여랑의 들녘

송복례 시집

■ 서 문

이른 봄 어머니는 씨 나락을 물에 담그고 씨눈을 틔워 봄 햇살에 불려서 못자리판에 골고루 뿌린다

안옥한 모판에서 자란 어린 벼를 논배미에 떠나보내며 어미 마음 애리다 며칠은 새댁처럼 애 삭이느라 몸살 앓아 누렇게 뜬다

대비뚝 물 깊어지면 물코 열리는 논배미에서 생기 돋는 벼들이 뿌리 내릴 제 진녹색으로 물결 지며 하늘 우러르는 배불뚝이 벼들이 들녘을 가득 메운다

뙤약볕에 모 때우기 피사리하기, 허리 펴는 날 없이 어머니의 해는 서산을 넘고 달이 차오르면 하얀 나락 꽃이 피어 별들을 모으는 들녘, 눈부시게 피어있는 들녘을 대견하게 바라보는 어머니

폭풍우 홍수로 논두렁 무너져도 여름 지나 살아남은 벼들은 영글어 간다

더러는 엎어져 누워서도 익어가는 벼들, 익으면 저절로 고개 숙여 하늘에 감사하고

황금빛 들녘에는 알알이 맺힌 알곡으로 어머니의 손이 바쁘다

때가 차서 알곡 떠나보내며 하늘 향해 조용히 눕는 지푸라기들 모아서 묶고 쌓고 둘둘 말아 두루마리 안에 가둔다

한 평생 살아온 지난날의 이야기가 가을과 바람 갈피 안에서 곰삭아 간다

소들의 여물이 되어 떠나려는 사연들, 늦가을 시간은 걸음을 재촉한다

어머니는 온유한 땀방울을 보석으로 만들어 유산으로 물려주고 노을 진 들녘에는 치열하게 살아온 여랑(如浪)의 이야기가

두루마리 안에서 삶의 고단한 흔적과 함께 가지런히 엮어서 아우르고 있다

■ 차 례

1부

2부

3부

1부

삶을 위하여

어떻게 해서라도
살아남으려고

어떻게 해서라도
살아남으라고

그렇게 살아 있고
그렇게 죽어 갔다

시골집 꽃밭처럼

흠 없이 살라고 하신 말씀 따라
저 높은 곳을 향하여 꿈을 꾸며
조심조심 살았어도

부딪치고 넘어져서 상처 나고 흉터가 많은 몸이다

마음이 가난한 사람은 천국이 저의 것이다 하시어
마음 마당에 매일 쌓이는 욕심을 청소해도

구석에 쌓여 있는 욕망의 잔해들은
어느새 산더미가 되어 있다

이제는 오물이 되었으니 거기에다
흙을 얹어 시골 고향집 꽃밭처럼

봉숭아 채송화 씨도 뿌리고
나팔꽃도 분꽃도 피워야지

백합뿌리도 심고 장미 나무도 심고
목련과 모란도 꽃피우면

사립문 앞 미루나무는 하늘에 닿겠다

울안은 꽃향기로 환하고
달도 별도 향기를 맡고
어린 시절 달밤처럼 놀러 오겠다

흠 없이 살다 간 사람 어디 있으랴
욕망에 짓눌리지 않은 사람 어디 있으랴

변명

누구에게나 그 날은 오지요
누구든지 살길을 찾아 헤매다
취하고 빠지고 반해서
일생을 허우적거리기도 하지요
고난의 때에 혼돈 속에서 헤매다가
어느 날 자신을 비추어 볼 때
어디에 어떤 모습으로 서 있는지 알게 되지요
인생은 어느 덧 산마루를 내려가고
어느 누구도 알 수 없는 자신만의 길
시간의 흔적이 어떻든지
생이 끝나가는 그 앞에서
누가 감히 애쓴 시간을 헛되다 나무랄 수 있을까요
이 세상에 왔기에 살아야 했고
알 수 없는 길 가느라 힘들었는데
마지막 가는 길에
누가 함부로 말을 할 수 있을까요

시아버지의 임종

그날, 위독하다는 소식을 듣고
시골로 내려갔다

대문을 들어서자
뻐꾸기 울음소리기 들려왔다
뻐꾸기 울음소리가 장독대에서 들리네요
그러게 난생 처음이다

방에 들어가니
야윌 대로 야윈 아버님이 누워 계셨다
자주 찾아뵙지 못한 죄송함이
가슴을 짓눌렀다

휑한 눈으로 우리 내외를 보며
삼일 후가 그날이다 하셨다

작은 아버님이
아직 멀었으니 돌아가라 하시어
올라 와서 하룻밤을 자고나니
다시 내려오라고 전화가 왔다

〉

방에 들어서니
선풍기가 돌아가고
아버님은 가쁜 숨을 몰아쉬며
가끔씩 괴로워하셨다

정신이 드시면
흩어진 옷소매를 바르게 하시고
머리도 쓰다듬으며 가지런히 하시고
칫솔을 달라 하시고 입안을 닦으셨다

옆에 놓인 복숭아를 가리키셔서
한 첨 떼어 드리니 칼을 뺏어
당신이 크게 썰어 드셨다
일으켜 달라는 손짓을 하시어
등을 받쳐 안다 나는 놀랐다
너무 마르시어 등이 자갈 박힌 듯했다

평생 논일 밭일에
시달리신 몸이니 오죽하시랴
누우면 왼발 오른발을
번갈아 무릎에 올려놓으셨다

그러면서 옷매무새가 흩어지면

잡아 당겨 바르게 하셨다
두리번거리며 누군가를 기다리는 듯한
시간은 흘러갔다

어두워지자 아버님께서는
머리 위 벽에 있는 시계를 가리키며
시간을 알고 싶어 하셨다

아버님, 하느님 계시다고 믿으시면
제가 세례를 드려도 될까요
그냥 살던 대로 갈란다
그렇게 누군가를 기다리고 계셨다

고통스러워하면서도
옷매무새를 다듬으며
시간까지 약속한 누군가를 기다리는 듯했다

밤을 새우고 멀리 절간에서
예불 종소리가 들려왔다
시동생이 교대해 주고 아침 밥 지으러 나왔다

부엌에서 쌀을 씻는데 어머님께서
뒷집에 사는 무당을 불렀다
아버님은 새벽 6시 정각에

저 세상으로 떠나셨다

나는 시집 와서 아버님이
화내시는 모습을 한 번도 못 보았다

막걸리 한 주전자로 삼시 끼니를 때우시던 분
다섯 남매 순하게 키우시고
순하게 살다 가셨다

돌아가시고 한 달 쯤 지났을까
꿈에 아버님께서 웬 동자를 데리고 오셨다
안방 아랫목에 앉으셨기에
내가 여쭈었다

그곳에서는 어떻게 지내세요
내가 벌어놓은 것으로 잘 지낸다
그곳에서도 사람들이 싸우나요?
아니!
하느님은 계시던가요?
그래

나는 분명히 느꼈다
그날 아버님의 임종을 보면서
〉

누군가 저승길을 밝혀 줄
사자가 온다는 것을

죽어가는 이가 평생 동안
바라던 하늘 저 높은 곳의 전령임을

봄날의 추억

– 잿간

아궁이에서 아침저녁 긁어낸 재들이 쌓여있다

오줌모아 찌그려 겨우내 숙성되면
맛있는 거름이 된다

소시랑 괭이 삽 호미 가래 삼태미와
도깨비들도 놀러와 오손도손 지내던 우리 집 잿간

기다림의 냄새가 자자자작 스며있고
밑거름 익어가는 지릿내도 달콤한

내 어릴 적 잿간은
씨앗들의 먹이가 가득했다

이른 봄 아버지는 거무죽죽한 재를
지개에 담아 밭에 가서 뿌려 주고

봄 햇살 섞어 골고루 비벼 주면
거무죽죽했던 겨울 빛도 초록빛이 되었다

〉

텅 빈 잿간이 어둠을 끌어안고 있을 제
지나다 들여다본 달이 어스름 빛을 놓고 간다

다시 아침저녁으로 쌓이는 재들
새싹들의 젖이 불어나고 있다

내 유년의 잿간에는 도깨비들도 놀러온다

노년의 뒷모습

노년의 뒷모습이 아름다운 것은
자기 삶을 온전히 긍정하기 때문입니다

머지않아 죽음 앞에 서리라는 것을
담담하게 받아들이기 때문입니다

너그럽고 풍요로운 온유함이 있어
더욱 아름답습니다

세상사 모두를 해독할 수 있는 노년은
침묵 속에 더 많은 이야기를 담고 있습니다

그 노인이 내 앞을 걸어가면서
발자국마다 서린 애환이 아름답게 빛납니다

최선을 다해 살아온 순간이 고스란히
보석이 되어 있습니다

나뭇잎 하나

아무데서도
소식이 없는 나날

마음 하나 들고 나가
공원 벤치에 앉아 있으니

누군가 어깨에
손을 얹는다

따듯하고 부드러운 살내음
온유하고 평온한 감촉

나를 기다린
그대

계절 속에서

가을을 태운다

매급시 꺼심만 하면

우수수수
찬 기운 타고 와서

소름 돋아
달강달강 흔들리다

미적미적 붙드는 여름

더위 타는 냄새
낙엽 타는 향기

태워서
떠나보내는 시간

가을은 그렇게
산등성이를 넘는다

허약한 잎사귀

폭풍우에 견디지 못해
흩날리는 항변

햇살이 녹아 있어 더욱 곱다

슬픔이 배인 볼
아픔을 돌돌 말아

입에 물고 떨어지는
침묵한 함성

서투르고 가벼운 흔적을 짊어지고

아직은 젊은데 사라져간다

우두커니 서 있는 나무는
말없이 듣고

떠나가는 잎사귀는 햇살이 꽉 찬
사연을 품고 있다

흑장미

하늘 향해 피워 올린
선혈의 찬가

함부로 발설하지 못한
하늘의 비밀을 알았음이야

하고픈 말이
가시로 박혔음이야

그대와 내가 가까이 할 수 없음도
침묵의 가시 때문이야

서로 다가서면 가시에 찔려
드러날 비밀

선홍색 입술 안에
향기를 물고 있음이야

침묵한 열정이
찬가로 피어났음이야

신발을 보며

예쁜 것에 반해 조금 작은들 어쩌랴
날이 가면 넉넉해지겠거니
뒤 굽을 접어 신기도 하고
신문지 뭉쳐 끼워 늘리기도 하였다
어느 정도 발에 잘 맞게 되었을 즈음
바닥이 닳아서 비오는 날에는 발이 젖고
겉은 긁혀서 칠이 벗겨지기도 하였다
버릴까 하다가 나를 버리는 것 같아
날 든 날만 신고 다녔다
그동안 신발에 발을 맞추느라
티눈까지 생겼지만 첫눈에 반했는지라
어지간히 질긴지라 아픔을 참았다
갈수록 편해지는지라
다른 신발이 있어도 그 신발만 고집했다
오래 걷던 어느 날
길가에 앉아 모래를 털어내다 안을 보니
구석구석 너덜거리는 내부는
허옇게 헤진 데가 많아 가여웠다
나에게 정드느라 제 몸 망가지는 줄 모르고
열심히 닳아서 이제는 헐거워진 신발
냄새가 코끝을 아리게 한다

병상에서 만난 처녀

어미의 둔부를 깨물며
들고양이처럼 밤공기를 가르며 울고 있다

해질녘 눈 내리는 듯 조용한 걸음으로
이 구석 저 구석 기웃거리며 돌아다니다
뼛속에 흐르는 사랑에 허기져 돌아 왔구나

저 어둠을 물어뜯는 소리

밤길에서 허둥대며 토악질하다
새벽길에서 빛이 무서워 지하에 숨던 소리

어둠에서 어둠으로 숨어 다니다
팔꿈치에서 피를 철철 흘리며 들어온
털빛고운 예쁜 고양이 같은

병이 깊다

헝크러진 머리카락 사이로 드러난
우윳빛 고운 살결이 피투성이다

〉

병상에 누워 살기 띤 눈빛으로
밤길에서 얻어먹은 익숙한 욕지거리를
어미 가슴에 토악질하고 있다

저 백설 공주 같은 아름다운 처녀를
더럽힌 사람은 누구인지

잠을 이룰 수가 없다

귀하 디 귀한 소녀가 들고양이 되어
병이 들어 내 곁에 왔구나

정동진 절터에서

주인 없는 절에서 동해를 바라보니
있어야할 사람은 없고 들렀다 가는 사람들이 많아

고요 깨뜨린 술병들이 수평선 쪽으로 밀려나가
돌아오지 못하였는지

그래도 약사여래는 아침마다 햇살 함께
아픈 이들 찾아 길 떠났는지

지나는 길에 약수 한 모금 마신 중생
생기 얻어 돌아가는 뒷모습에 건강한 파도소리

바다에서는 하늘과 바다를 가르는
이성의 칼날이 수평선에 걸리고

순진무구한 물방울들을
절터 아래 바위로 돌려보내는데

파도의 높이에 모든 것 띄워 보내도
가시지 않을 것 같은 아쉬움

〉

기도해야할 사람보다
지나가다 들른 사람이 많아

빈 절터는 허허로운 속을
파도 소리로 채운다

무슨 사연이 있었을까

대웅전은 남쪽을 향해 있고
약사여래는 동해를 바라보고 있다

동강을 바라보며

허물어진 성터 잔해 쌓인 낮은 곳에
망초 꽃 자지러진 하얀 꽃물 흘러내린다

돌무더기 위에 서서 바라보니
울음 삼키며 형장으로 끌려가는 듯

철근 콘크리트에 허리 묶여도
물길은 아름답다

숨 할딱이며 부서지는 석회암 위로
나비 떼 방아깨비 뛰어 놀고

비명 없이 여울져가는 강물은
여나 다름없는데

쇠사슬 끌고 가는 수인의 발자국인가
물비늘 조가조각 물 위에 빛나고

하늘 바라는 동강은 예전처럼
아직은 당당하게 흘러간다

선교장에서

체면이 장막이라
남의 이목에 갇힌 부부의 연

얼굴 한 번 보려면 깊은 밤 뒷마루에 올라
문고리 부딪쳐 정을 나누고

찻잔을 벗 삼아 서책만 읽으니

평생을 지아비 얼굴 한 번 제대로 못 보고
평생을 살다간 사대부 부인들도 있다고

화단에 석류 알 붉게 익어가는 저녁나절
나라 걱정에 시간 가는 줄 몰랐던 선비

개혁에 끓는 열정 잠 못 이루다
후학을 키우려는 자리를 마련하였다

터만 남은 학교 부지에는
타오르던 열정이 아직도 살아 있는데

빈터에는 선비의 넋이 고스란히
애절하게 남이 있다

동강, 아라리요

정선과 영월 사이
뗏목타고 오가며 떼돈 벌던 뗏꾼들이
아리아리 아라리요

강물은 세월 함께 흘러갔어도
어귀마다 맺혀 있는 아내들의 노래 소리
아리아리 아라리요

목돈 쥐고 돌아올 뗏군 남편 보내고
기다리던 아내에게 보내 온 슬픈 소식
아리아리 아라리요

목숨 잃은 지아비 그리워
피 토하며 부른 노래
아리아리 아라리요

굽이치는 인생길에 여울져 부서지는
물결 위의 햇살처럼 빛나게 살고 싶던
아리아리 아라리요
〉

흘러가는 동강의 물결은
뗏꾼 품삯 목숨 값 흐느끼며
아리아리 아라리요

한잔 술에 덕담 담아 서로를 위해주고
객주 집에 모여든 색시한테 위로 받던
아리아리 아라리요

떼돈 번 뗏꾼들이 시름을 풀던 나루터에는
처자식 주린 배 채워 주려 뗏목 타던 남편들
아리아리 아라리요

급류에 휩쓸려 간 뗏꾼들의 눈물 섞인 슬픈 곡조
강물에 섞여 출렁이며 흘러간다
아리아리 아라리요

컴퓨터 앞에서

손가락 하나로 건드려
멀리 있는 친구를 찾아간다

갈 수 없는 곳에서
그리운 이도 만나고

대화도 하면서
속을 풀어 놓는다

그대의 사정이 어떠한지
세상 밖에서는 무슨 일이 일어나는지

놀라고 슬퍼하며
감동하고 웃는 사이 해 다 간다

소문에 이리저리 끌려 다니며 머문 곳에
댓글이라는 흔적을 남기고 돌아와

터질 것 같은 비밀주머니를 열어
마음을 펼쳐 놓는다

〉

지나가다 보아도 좋고
안 보면 더 좋다

천리만리 돌아다녀도
다리도 안 아프고

머리는 점점 맑아지고
졸음도 사라진다

네모난 상자 안에
어마어마한 세계가 있어

희한한 세상일을 다 보아도
아무도 모른다

나는 얼마나
미미한 존재인가

그러나 손가락 하나로
생기게도 하고 사라지게도 한다

얼마나 귀한 존재인가
우주를 몸 안에 지녔으니

밤길에서는

하늘에 총총한 별
달빛을 먹고 있는 들풀

마주 앉은 그대 얼굴은
안 보이고

지독하게 앓고 있는
고독이 보이네

고뇌의 빛이
밤을 밝히고 있네

어둡지 않은
그대와의 밤길에는

초승달에서 보름달까지
보름달에서 그믐달까지

달빛 같은
고독만 쳐다보며 가네

봄 나무를 바라보며

추위에 질린 구름을 몰고 와서
골목 들창 치고 지나가던
칼바람에도 끄떡없던 나무는

훈풍 지나가니
졸린 눈으로 나른하게 서 있다가
빗줄기 다가와 흔들어 주니

실핏줄 끝에서 터져 나오는
연두 빛 수냉이들

단풍나무도 생일을 맞이하고
산수유도 신난다

저 독한 어린 싹에 눈 찔려
산모롱이 음지에 서 있는 나는
눈물 흘리는 한 조각 얼음이 된다

팔월의 들풀

잉태의 문 닫히고
분만의 기쁨도 잠시

가을 앞에 숙연히 기대어
호들갑떨던 여름 시간이 아련하다

자지러질듯 허리 드러내고 웃던
이파리들은 늘어져서 핏기 잃고

언제 베일지 모르는 두려움에
씨알 얼른 발아래 감추고

꽃 피움조차 부끄러워
핏기 잃어가는 창백한 뺨에

빗방울 뚝 던지며 지나가는 바람
가을을 예고한다

꺾이는 허리 세우려다
감사의 절로 바꾸고

〉
흔들리는 잎사귀 붙들고
젊은 계절 남은 시간을 즐기고 있다

아직은, 아직은
싱그러운 팔월의 들풀

한해를 보내며

들녘에서는 짚단이 목도리 두르고
얼음 논배미에서 한해를 헤아리며
버그러져 있다

벼폭시 몸속에 희망의 씨를 남겨 놓고
논두렁 밭고랑을 지나간 시간

우거지자락 널브러진 밭뙈기에는
팔려나가지 못한 못난이 배추들이
지푸라기에 짬매진 채 동상 걸려 있다

서리길 따라 햇볕 차가워지는 밭두덕에
발자국 바쁜 지난여름 쓸쓸해지면
이내 빙판의 달빛에 비춰보는
첫날의 다짐은 되새겨 봐야 하리라

더러는 잘 익어 나누어 준 풍성한 마음
더러는 이삭으로 남아 있는 갈등의 잔해들이
내 마음의 논배미 밭뙈기에는 회한으로 남아 있다
〉

그럼에도 불구하고
한 해를 갈무리하면서 남겨둔
못난이 배추는 봄동 되기 위해
하얀 서리 덮고 깊은 꿈에 든다

하굣길

불볕 시오리 하굣길
가뭄에 목이 타는 대비뚝에서
새끼 붕어 두세 마리
숨 몰아 쉴 때
뱁쟁이 이파리에 물 축여
덮어 주고
빈 도시락에 물 담아
웅덩이에 날라 주다
교복에 진흙 묻어
엄니한테 혼나도
빠끔거릴 새끼 붕어 생각하며
창문으로 들어온 달빛 덮고
웃으며 잠들던
그런 날도 있었다

봄비

웅크린 땅에게
세례를 준다

고난의 삶에
새순이 돋으리라

당당하나 겸손하게
살라고

은총의 세례
하염없이 내려 준다

중년의 나무

겨울 하늘 향해 펼친
누렇게 익은 촉수는
떨고 있다

얼음의 시간을 건너가기 위해
화려한 언변을 닫는다

견딜 수 있는 힘은 젊은 날에
견디기 힘들었던 태풍의 덕이다

독벌레에게 물린 날의 아픔은
아프다는 말도 못했다

생각할 겨를도 없이
허둥지둥 잊으면 되는 줄 알았다

다 떠나면 어떠랴
흉터 드러나면 어떠랴

부실한 가지 꺾이면 어떠랴

하늘이 한층 가까운데

스스로 위로하면서도
촉수는 떨고 있다

그대의 숨결은

없는 듯 있는 듯
머물다 갑니다

거리마다 술렁이고
집집마다 문이 열려

속내에 갇힌
사연들이 드러납니다

그냥 지나갈 뿐인데
일으켜 세우며

살아있음만으로도
감사함을 깨우쳐 줍니다

흉터뿐인 흔적도
훈장이 됩니다

그대가 머물다간
복된 자리입니다

떠나보내며

망상의 멍에를 메고 물소리 찾아

마음 속 깊은 골짜기
바위 위에 앉아

물길에 멍에를 띄워 보낸다

지지리도 못난 기억의 조각들을

울음 섞인 내 슬픈 사연의 언어들

여울져 휘돌아가는 뒷모습이 아리다

비우고 비워도 남아 있던
허구의 잔해들

햇살을 받으며 거침없이 멀어져 간다

그해 겨울 억새는

언 하늘 아래
찬바람에 얼어 죽을 것 같은
목숨 있어 슬픈 억새여

미친 듯이 흔들리지 않으면
미칠 것 같아
흔들리며 고요에 들었는가

별을 향하여 눈감고 상상하거나
바람 귀에 떠밀려 웃어보거나
외로움에 젖어 중얼거리거나

무엇에라도
홀리고 싶어

죽은 듯이 있으면
바로 서려는 뿌리의 몸부림

줄기 꺾일 것 같아
달빛 부여잡고

처절하게 견디고 있었던가

흔들리며 흔들려도
흔들려야 목숨 부지하는데

얼음땅 밑으로
뜨겁게 물길 찾는 억새는
고요하게 흔들리고 있었던가

곰삭은 맛을 느끼며

고민도 없이 천상에 사는 듯
나를 내세우기 위해 외골수로 가다가

골수증을 앓아 가슴에 남은 상처가
사랑이 될 때

기억 속의 아픔이 되살아나서
그대의 가슴에 흠집을 내면

분노와 웃음 사이 사람이 보이고
빙판을 더듬이로 살아도
이성과 감성은 늘 맞서있다

혼자만의 저질러진 죄도
살펴보면 삶이 어긋나는 자리였다

더듬이의 본질은 정교하게 드러나
바꾸어진 틀에서 빛나고

그 틀에서 서로 생각이 합해지면

곰삭은 감칠맛을 느끼며

가난하기에 더욱 살갑게 깊어져
풍요로워 더욱 가슴이 애잔해

다리 아픈 사람도 보이고 배고픈 이도 보여
울면 눈물 속에 아픔이 섞여 떠나가고

웃으면 기쁨으로 갈등도 끝나
슬픔이 녹으면서 애통함도 풀린다

건강검진을 받고

육십오 년 감추어진
부실한 속이 드러났습니다

위험 수위에 다다른
피에는 앙금이 쌓이고

약해진 뼈는 구멍이 숭얼숭얼 합니다

남의 탓하며 살면서
고장 난 몸

아무리 따져 봐도 내 탓입니다

블랙박스 열고 청소를 합니다

대장 속 용종, 핏속 탁류,
닳아버린 관절
주름보다 골이 깊습니다

얼마나 산대유

보내지 못한 편지

뱃머리에 햇살보다 더 큰 등을 달고
지느러미 결 사이 달빛 노니는 부레 속 풀 향 가득한
한 마리의 물고기를 찾으러
당신 곁을 떠나왔습니다

나비가 되어 호수 위를 자유롭게 노닐다가
붕어를 만나 붕어 두 마리를 품에 안고
노도의 밤바다를 헤엄쳐
독기로 어둠을 밀쳐내며 텅 빈 마음으로
당신 곁에 돌아왔습니다

평화롭고 따뜻한 어릴 적 젖 냄새 그리워
당신 가슴에 얼굴 묻고 울고 싶어
사립문 열고 들어서니
초가지붕 달그림자가 댓돌 위에 내려
신발 벗지 못합니다

어머니, 당신은 어디에 계시는지요

앞마당 뒤울안에는 당신 발자국 총총 쌓여 있는데
당신은 어디로 가셨는지요

할머니 고아

아버지 어머니 돌아가셨어도
아빠 엄마 부르면
얼른 오셔요

나를 낳으시고
고운 심성 주시고
지혜와 슬기를 주신 분

나를 보시며
'보니 매우 좋다' 하시는 분

아부지 엄니
돌아가셨어도

할머니 고아가 된 나는
여전히 아빠 엄마를 불러요

하느님 아빠!
성모 엄마!

흉터는 훈장처럼

이별의 아픔을
잊기 위해서는

상처만을
생각하는 것도

한 가지 길이다

아물지 않는 상처를
긁어대며

울다 보면
흉터는 훈장처럼

그리움의 인호로
가슴에 박혀 있어

가끔은
보석처럼 빛난다

눈동자

무지개를
담을 수 있는

이슬만한
그릇

그대를 마주하니
그 안에
내가 있다

행복해서
어쩔 줄 모르는

빗소리

휩쓸려 나간 시간들이 되돌아와

뭉기적거리는 지금을 만지작거리며

하염없이 중얼거린다

싫어한다는 듯 좋아한다는 듯

무성한 풀밭이었다가
메마른 광야이었다가

물러 허물어져가는 의지의 논두렁

그거라는 소리로 아니라는 소리로

허물을 씻으며 심장을 짓밟는 소리

아파서 웅크리면 얼룩지는 옷소매

유실된 생의 계단을 밟고 오는 시 소리

집 나간 아이

어둠 속을 헤맨다고 두려워하지 마라
그 어둠 가장 깊은 곳에 빛이 있다

끊임없이 나가라
점점 더 어두워지다가 어둠의 끝에서

빛의 영광을 볼 것이다

나는 그 빛을 보기 위해
집을 나와 밤길로 들어섰다

그 빛을 보기 위해

버림받고 천대받고
혼이 나가도록 혼나고 고달픈 나날을 보냈다

지옥의 끝에서 빛을 만나고 돌아온 후

밤이 두렵지도
다시는 헤매지도 않는다

울타리 안에는

끼리끼리 뭉쳐서 말하고 있는 울타리 안
올 곳이 못되는 이곳 은유의 세계

감추어져 있을수록 신비롭고 수려하니
드러나지 않은 속내를 느낌으로나 알아야지

보이지 않는 뜻을 냄새로나 느껴야지
해독이 안 되어도 좋다 참 좋다

하다 보니 돌에 맞아도 피가 안 난다

허참!

마음을 알아보기란 이토록 어려운 걸
내 어찌 마음을 밖에다 펼쳐 놓으리

한 마디 한 마디 음미하며 헤적거리는 동안
새벽 여명에 서서히 드러나는 마당

상처 깊은 이들의 승화된 속사정이 제대로 보인다

용서받지 못하여

그대가 그림자에 갇혀 있어도
낮에는 뙤약볕 내리고
밤에는 달이 지나갔으리라

그대가 허물에 묶여 있어도
즐거웠던 날들을 회상하며
흐뭇한 시간도 있었으리라

행복했던 날들을 기억하며
수모를 견디어 냈으리라

밖에선 담장 넘어
사랑하는 이의 기도소리 들려오고
바람이 잠시 귀 기울이다 갔으리라

아무도 모르게 그대의 혼은
몸을 남겨두고 그곳을 나왔으리라

금단의 나무 아래에
아무도 볼 수 없는 모습으로

〉

엎디어 울며
용서를 빌고 있는 그대

그대의 한은
이승을 떠나지 못하는 것이리라

절벽과 나무

바위틈에 뿌리내리고
마디게 큰 나무

휘어진 마디마다
인고의 자국

하늘이 내려다보며 읽고
땅이 올려다보며 읽는

견디어 온 이야기를
절벽이 기록했는지

껍질이
서로 닮았다

보름달

겨울 하늘에
눈사람 얼굴만 있네

몸은 비워
철이네 떡쌀로 내주고

가난한 마을에
웃음이 환해서

초가지붕 위의 박꽃
빛 잔치 하네

목젖이 없으니
웃음소리 더욱 크네

노환

살아있어야 할 이유는
숨 쉬시고 잡수시고
변을 보시고
심장이 뛰기 때문입니다

살아있는 이유 있는 한
병세의 끝도
고생의 끝도
생명의 끝도

하느님께서는 허락하시지 않습니다
돌아가시기를 원하지 않습니다

보내드릴 준비도 떠나실 준비도

안 된 이유를 곰곰이 생각하며
기도해야겠습니다

그분을 맞이하기 위해
삶을 정리하고 계십니다

허수아비

지켜 줄 나락들 떠나고 옷도 바람에 찢겼다

작대기 하나 의지하고 서서
내려놓지 못하는 두 팔 위에

참새 잠시 머물러
미루나무에 단풍 물들었다고 귀띔해준다

할 일 끝난 들녘에서 홀로 밤을 지새우며
새벽이 와도 졸지 않고
신작로를 지나갈 단발머리 소녀를 기다린다

벼폭시에 새순 돋아 들녘이 술렁거려도
이슬에 젖는 뺨을 찬바람이 스쳐간다

새 쫓는 청아한 소리 환청으로 맴돌고
푸른 달빛이 젖은 등을 어루만진다

가을걷이 끝난 들녘에는
홀로 서서 팔이 아프지 않은 지킴이가 있다

밥상

백일 전에 담근 매실 장아찌를
고추장에 버무려 사기접시에 담고

텃밭에서 갓 따온 오이 씻어 뚝뚝 잘라 상추 곁에 놓고

동생이 담아준 찹쌀고추장과
시누이가 담아준 막장을 섞어

들기름 다진 마늘 다진 파 넣고
이기고 섞어서 우렁이 넣고 자작자작 끓인 강된장

가뭄에 물 줘가며 키운 아삭이 고추 씻어
작은 채반에 담아 놓는다

검은 콩 붉은 팥 보리 조 수수 넣고
옥수수 알 은행도 곁들여 고실고실 밥을 지어
아욱을 넣은 된장국과 밥 한 공기

아삭아삭 깨무는 소리 아삭아삭 건강한 소리
황제 밥상 부럽지 않다

바람이여

그대가 가만히 지나가면
고개만 갸우뚱합니다

조금 빨리 지나가면
허리를 숙입니다

쏜살같이 지나가면
엎드려서 웁니다

연약하기 이를 데 없는
풀 같은 마음

살그머니 건드리기만 하여도
온몸이 흔들립니다

고향들녘에서 나는

동구 밖에 나가면
동네를 휘돌아가는 대비뚝이 있어요
대비뚝에는 언제나 물이 넘실거리며 흐르고
벌판으로 나가는 물을 나누어 주는
수멍통이 있어서 들녘은 풍요로워요
그 물길과 함께 읍내로 가는 신작로를 따라
시오리 길을 걸어서 읍내 여학교를 다녔어요
그 벌판을 지나다니며 사춘기를 보냈어요
나의 마음은 하늘을 향하여 꿈을 키웠지요

잿빛 들녘 초록빛 들녘 황금빛 들녘은
계절마다 내 마음을 설레게 했지요

파란 하늘에서는 땡볕이 쏟아지고
비도 퍼붓고 눈도 내리고 바람도 몹시 불었지요

들판을 가로지르는 물길에는
새웅개 붕어 피라미 참게가 살고
소금쟁이도 방개도 우렁이도 살았지요
〉

논두렁에는 쑥도 살고 씀바귀 냉이 꽃이 피어나고
신작로에는 끈질기게 질긴 뱁쟁이 풀이 살았지요

들녘에 구름 그림자 지나가면 따라서 달렸지요

참새 떼도 살고 기러기 떼도 지나갔지요

저녁노을은 내 영혼의 고향이에요
마음은 늘 그곳에 가 있었어요

노을 속에는 마을이 있고 아름다운 성이 있고
바다도 펼쳐져 있었어요

내 생애 모든 사유가 생성되고
노을처럼 열정이 불타오르고
혼돈과 무모함이 거침없이 나를 사로잡아
상상의 나래를 펼쳐준 곳이지요

사춘기 단발머리 소녀는
그때 신기한 나라에 들어갔나 봐요

〉

착각과 오만을 망토처럼 걸치고
꿈과 좌절이 뒤엉키면서 갈등이 자라고
현실의 준엄한 심판대에서
나의 허물을 감추려고 필사적으로 가면을 썼지요
내 고향 들녘
이미 그때 내 영혼의 엉뚱한 씨앗이 심어졌었나 봐요

죽으면 그곳에서
하늘을 향하여 나를 찾으러 방황한
한 인간의 생애를 적나라하게 보여 주시면서
하느님께서 말씀을 주시겠지요

사람들을 거룩하게 해 주시는 분이나
거룩하게 되는 사람들이나
모두 한 분에게서 나왔습니다

하늘의 뜻이 이루어지겠지요

나는 어디에

밖으로 나가
나를 찾아 헤맸으나
거기 나는 없었습니다

지쳐서 돌아와
내 안을 들여다보아도
나는 없었습니다

거울을 바라보고 있노라니
누가 있습니다

그래 너는 어디 있더냐
못 찾았습니다

너는 본래 없었느니라

할아버지와 병풍

할아버지는 정월 초하루
차례를 지낼 때 마지막 숨을 모으고 계셨다

차례가 끝나고 떡국 상 앞에 놓고 돌아가셨다

수세를 걷고 하얀 천으로 덮어 아랫방 윗목에 모시고
병풍으로 가려 놓았다

돌아가신 할아버지의 모습을 보려고
병풍 뒤로 가서 흰 천을 젖히고 들여다보았다

할아버지 모습은 평화로웠다
얼굴에는 주름이 하나도 없었다

펼쳐져 있는 병풍처럼
팔십 평생 서려 있던 애환은 느낄 수 없고
수놓은 삶이 보였다

소나무 위에는 달이 얹혀 있고
매화와 모란도 피어 있었다

〉
나비는 소리 없이 날고 벌은 윙윙거리고 있었다

사슴과 학도 살고 원앙 한 쌍이 서로 기대고 있었다

할아버지는 생을 펼쳐서 보여 주시지만
호랑이 같던 모습은 없었다

돌처럼 변한 이마는 얼음처럼 차갑고
제자리로 돌아간 감성은 햇살처럼 온유했다

죽음은 수놓은 병풍을 펼쳐서
유산으로 넘겨주고 먼 길을 떠나는 것일까

죽음은 모든 것을 통합하여 확장하는 것일까

평화로이 잠든 것처럼 보이는
할아버지 모습에서 거룩함을 느꼈다

바다와 도서관

배설하고 토악질한 창고
누구나 자기의 것이 거기 있지요
더러는 양식이 되고 더러는 독이 되었을

그렇거니 세상이라 하지요

저 넓은 바다의 속을 저 많은 책의 내용을
젊어서 알려고 젊어서 깨달으려고
무모한 도전을 하며 혼란스러웠던 시절

언니는 젊어서 하늘나라에 가고
나는 늙어서 끝자락에 다다랐어도
결국 몰라요, 몰라요

몸도 지치고 사유도 떠나서
바다도 하늘에 순종하고 글도 하늘에 속해서
영원을 다스리는 그분께 전 존재가 비롯되었음을 알고

무릎을 꿇고 이 아침 자비를 비나이다

정지선에 서서

나를 바라본다

절망을 추스르며 삶의 의미와 가치를 추구하며
치열하게 살아왔다고 깃발을 흔들었는데
몸과 마음이 텅 비었다

그냥저냥 살았으면 맘만이라도 깨끗했을 것을

혼돈의 진흙탕을 헤집으며
존재 이유를 찾아 헤매다가
선해지려는 열망도 진실해지려는 수고도
아름다움에의 동경도
이제는 멍에가 되었구나

빈터에는 달빛만 고요한데
나아갈거나 머무를거나

오, 주여

돌이 말하다

마루에 앉아 밖을 내다보고 있노라니
어디선가 소리가 들린다
가만히 둘러보니 베란다 선반 아래 나란히 놓여 있는
돌이다

우리는 산에서 굴러도 괜찮았다
쪼개져서 떨어져 나와도 울지 않았다
골짜기에 처박혀서도 아프다고 하지 않았다
폭우에 휩쓸려 냇물에 뒹굴어도
벗이 있어서 좋았고
물들이 비켜가며 부르는 노래에
온몸이 흔들리며 설레었다
햇살은 살갗을 간지르고
새벽안개는 얼마나 산비로웠는가
물오리가 밥 먹으러 곁을 지나가고
피라미들은 내 몸에 자란 물이끼를 먹느라고
얼마나 즐거워하였나
산봉우리에서는 솔 향이 내려와
볼을 스쳐 지나가고
아, 내 곁을 머물다 간 산 벗 꽃잎

싱싱한 참나무 잎이며
벌레에 물린 고운 단풍들
어디로 흘러가서 머물렀을까

메말라서 빛바랜 돌이
수려하고 괴상하게 생겼다고 잡혀 와서
먼지 쓰고 울먹이며
작은 소리로 속 풀이하고 있다

산책길, 물오리

어미 물오리가 열두어 마리 새끼를 데리고
강가 가장자리를
조심스레 지나간다

작은 물살에도 얼른 흩어지다
다시 모이는 새끼오리들

어미 오리 뒤돌아본다
걱정하지 마라

허공을 지나가는 황새 그림자에 놀라
어미 곁으로 몰려드는 새끼들

햇살은 거룩하게 내리고 물결은 잔잔하다

물풀 숲으로 데리고 가는 어미는
내 어린 시절 엄마다

엄마

2부

거기에 무엇이

모든 것은 거기에 널려 있다
나는 외로우면 찾아 간다
유일한 자유를 누리는 방법이다

조용히 찾아가 구경하다 실증나면 돌아오는 재미
그들은 모른다, 내가 다녀간 줄을
나는 여기에 있다
누군가 조용히 들여다보고 갔다
흔적은 숫자

그도 나처럼 여기 저기 돌아다니다
나에게 와서 숫자 하나 놓고 간다
그가 평화를 건강한 영혼을 지닌
발걸음으로 돌아가면 좋겠다
그를 위해 기도한다, 삶이 풍요로워지기를
나도 위로의 꽃다발을 한 아름 안고 온다

얼마나 좋은 시대에 사는가
널려 있는 열매를 맛보기란!

아버지의 자전거

하늘에 계신 아버지, 오늘이 기일이네요
세상을 내려다보시며 살아 계실 때처럼
돌보아 주시는 아버지, 감사드립니다

허청에 먼지 쓰고 빈집을 지키는 자전거요
사십여 년 고무신 가마니 싣고
눈이 오나 비가 오나 오일장 다니시며
타시던 자전거요, 낡고 고장 난 자전거요
새벽이면 안개 속 골목을 달려 가시고
서리 길에 자국 내며 타고 가신 자전거요

밤에는 동태 상자 싣고서
눈 모자 쓰고 오신 그날을 기억해요
이튿날 아침에는 지푸라기에 짬매진
따끈따끈한 생태 국을 먹었지요

허청에 있는 낡고 바람 빠진 자전거에
삼십 리 길 사십 리길 삶이 고스란히 배어있네요
그 은덕으로 일곱 남매
튼튼하게 씩씩하게 커서 자식 손주 보았어요

〉

이제는 고향 집에 갈 때마다
대문 열면 자전거가 아버지 대신 반겨요
먼지 쓰고 바퀴는 주저앉고
안장은 낡아 찢어지고 한쪽 페달은 없네요
가마니 묶던 끈도 삭아서 늘어지고
손잡이도 터져 벌어져 있네요
그런데도 그 위에 앉아 바퀴를 굴리고 계시는 듯해요
아직 끝나지 않은 아버지의 사랑인가 봐요

독신에서 자식을 일곱이나 두셨다고
힘든 줄 모르고 살았다는 아버지
한 켤레라도 더 파시려고
상냥하고 밝게 웃던 우리 아버지 얼굴
그 모습이 고스란히 자전거에 담겨 있네요

오늘은 주님의 날
미사 참례하면서 감사드리려구요

내 마음의 나무들

사막에는 선인장
물가에는 버드나무

기찻길 옆에는 물아카시아
우리 집 마당에는 은행나무

동구 밖에는 느티나무
들녘 대비뚝에는 미루나무

울타리에는 탱자나무
굴뚝 옆에는 감나무

텃밭 변두리에는 대추나무
뒤꼍에는 가죽나무

동산에는 소나무
뒷담에는 아카시아

샘가에는 향나무
꽃밭에는 주목, 목련

〉

내 마음 동네에는
지칠 줄 모르고 노는 친구나무

추억이 살아 있는 내 고향 나무들

아무것도 걸치지 않은 채
새순이 나오면 젖 물고
커가면서 햇살과 놀다가

해 질 무렵 노을 등지고
갈 빛으로 물드는 얼굴

섭리에 순종하며 침묵으로 응답하는

나무
나무
나무

내 마음 속 십자나무

달의 독백을 듣다

별들은 가슴에 빛이 있어
스스로 밤에 홀로 자신을 드러내는데
온몸이 어둠인 나는 태양이 없으면
존재를 찾을 수 없다

내 속을 태초에 하느님께서
빛을 주시지 않은 이유는 무엇일까
빛을 입는 것이 무엇인지
겸손이 무엇인지
알려주시기 위함일까

지구는 빛을 품은 사람이 살아
작으나마 빛이 있어 희미하게 빛나는데
나는 태양이 없으면 그대로
존재의 가치를 알 수 없는 어둠 그 자체
나보다 더 허약한 들풀에
빛을 듬뿍 주고 태양이 지나가면

나는 그 태양의 빛을 빌려
작으나마 들풀의 잎사귀를 간질인다

나는 어둠이라 태양 없이는 못 산다
그냥 허공을 떠돌 뿐이다
지구와 함께 태양의 빛을 나누어 받으며
어둠임을 인정하고 내 빛이 아닌 빛으로

태양 없이는 살 수 없는 존재임을
가르쳐 주시기 위하여
세상을 만드시고 나를 만드시고
나와 지구에는 어둠을
별들에는 빛을 주셨구나

그래서 별들은 캄캄한 밤하늘에서
저리 당당하게 반짝이고 있구나

나는 어둠이니 태양을 바라봐야 하리라
내 속을 어둠으로 채워 주신 까닭은
어둠 속에서 울고 있는 소녀를 위하여

이 밤에 받은 빛을
되돌려 주라는 소명을 주심이라

그대를 위하여

수모와 능욕을 겪고 있는 그 사람
그의 얼굴을 오래 들여다본다
오래도록
나도 약간 흔들렸었지, 그래도 이건 아니다

그를 보라, 그의 온몸에서 느껴지는
눈빛에서 느껴지는
마음 깊이 간직한 순결과 정직과 겸손으로
신의의 향기를 온유하게 지니고 있다

저 흐트러짐 없이 견디고 있는 모습
이미 그는 하느님의 자비를 기다리고 있다

세상 사람들도 알고 산천초목도 다 아는
저 억울함의 극치를
하느님의 이름으로나 해독될 이 모든 일은
주님의 손에 붙여졌다

끝까지 견디며 자존을 지키고
웃으며 돌아오기를 기도한다

아가의 웃음

엄마 품에 안긴 아기가
세상을 바라본다

지나가는 사람을 보고
길가의 향을 보고
건축 중인 건물을 보고
지나가는 택시를 본다

나와 눈을 마주치고
뚫어져라 바라본다

내가 웃으니 웃을까 말까 하다가
고개를 돌리더니 다시 나를 유심히 본다

까꿍!
방긋 웃는다

세상이 환하게 열린다
사람들 마음이 환하게 열린다

긍정의 힘

허약한 풀들에
버팀목 되어 주느라

하늘이 가려지고
눈이 쌓이고 숨 못 쉬어

죽은 줄 알고 나는 울었다

마음은 풀어지고
힘없이 걷던 날

어깨가 따듯하여
시선 멈춘 곳에

엉킨 검불 속에서
꽃대 밀어 올린 영산홍

넝쿨에 갇혀서도
봄을 기다렸구나

저 높은 곳을 향하여

저 높은 곳을 향하여 살아가려 하는 이는

괴로울 때 한껏 괴로워하시오
늙으면 괴로워하려 해도 안 되오

젊었을 때는
화 안 내려고 가슴을 치기도 하고
명상 공부도 하며 울면서 기도도 했소

그래도 안 되던 마음이
늙으니까 저절로 되더이다

젊은 날의 고뇌는
인생의 보석을 만드는 시기라오

마음이 가는 대로 겪어보오
먼 후일 돌아보면 흐뭇할 거요

저 높은 곳을 향하여 살아가는 이에게
신은 끝까지 사랑할 것이오

나비야

하늘로 오르기 전에
꽃밭에서 꽃밭으로 날며

꽃향기로 몸을 씻고 깨끗한 영혼으로
날개를 지어 입었구나

기어서 살아온 날들이 고난이었다면
아롱져 물든 무늬가 무지개로구나

하늘의 네 별까지 잘 가거라

별에 당도하면 그 고운 날개로
꽃밭에서 몸에 밴 향기를 보내 다오

잘 가거라
귀향을 축하한다

이제는 죄와 벌로
괴로워하지 않아도 되겠구나

해바라기

침묵으로
야망의 깃대를 밀어 올려

침묵으로 높아져서
해를 닮은 듯

높은 데서 고개 숙인
새까맣게 그을린 얼굴

겸손을 배우느라

하늘을 향하여
그리 묵묵히 오르고 있었나 보다

새벽 달

새벽에 창가에 서니
서녘 하늘에 눈시울 붉히며
가던 길을 멈추고 바라보는 보름달

불 꺼진 창을 두루두루 살피며
외로운 이에게는 나무 그림자로
앓는 이에게는 환한 미소로 위로하고

날이 밝으면 외로움도 아픔도
흔적 없이 사라질 것이라고

어둠이 영원한 어둠이지 않게
해지는 곳으로 가려 한다고

그림자 숨기려 어둠을 좋아하는 나에게
세상에 온전한 어둠은 없다고

신비스런 미소로
침묵의 눈짓을 보내고 있다

가을 밤

들국화 노란 꽃물 든 달빛은
시인의 창에 시를 쓰고

외로움 톱질하는 시인은
갈빛 물든 창으로 무더기로 몰려온

국화 향에 취해
톱밥 같은 그리움을 쌓는다

잎사귀에 고운 무늬
그려지는 밤

그림자

그 어둠으로 허물을 지워도
괴로움의 무게는 더욱 짙어

밤을 기다리다
숨어드는 양심은

슬픔이 묻어 있는
마음의 모양새입니다

바위와 나비와 꽃

숲 속 나무들이 바람에 흔들려도
홀로 고요히 앉아 있는 바위

그 위에 나비 한마리

가슴을 대고
바위의 말을 담고 있다

날아서 날아서 풀 섶을 돌아다니며
꽃봉오리에 앉아 가슴을 연다

무엇을 전하였기에
저 들풀들이 다투어

입을 열어 찬미의 노래를 드높여

향기 가득한 숲으로
되살려내는가

믿음

아버지 어머니는 돌아가셨다
만질 수도 느낄 수도 없지만

말씀하실 때 눈빛
웃으시던 표정, 일하시던 모습

기억 속에 머물러 지금 여기 나와 함께 계시다

그분들이 물려 준 영으로
그분들이 이어 준 숨으로 나는 산다

그들은 살아있었고 지금도 살아있고
영원히 살아있을 것이다

하느님은 보이지 않지만 내 몸은 기억한다

그분의 눈빛, 그분의 말씀
그분의 일하시는 모습

그분은 지금 여기 나와 함께 계시다

갈등이여

그대로 하여 속내가 드러나니

사랑의 향기를 지닌 이
상처의 아픔을 지닌 이

은구슬을 내놓는 이
도끼가 나오는 이

부딪치고 아파하는 중에
미움도 원망도 생기는 중에

사랑도 꽃피어 나고
온유함도 느끼니

열려진 마당에서
어울리며 사는 나는 좋아라

나의 임

임은 나의 과녁, 활시위는 당겨졌고
빗나가지 않게 도와주소서

임은 나의 산
비탈길 오를 때 숲이 당신 품
오솔길 나뭇잎이 등불이게 하소서

임은 나의 샘, 후정크려져 있으면
내 마음이 교만에 차 있음이요
물맛이 변해 있으면
위선에 찌들어 있음을 알게 하소서

십자가는 나의 달구지
나를 싣고 임에게 갑니다
기꺼이 지고 가게 하소서

임은 나의 무덤, 마지막 날에 내가 묻힐 곳
주님 안에서 거듭나게 하소서

터

생각이 없어지면 저절로
해야 할 말도 잃어버리는지

한 발 물러서면 한 치 앞이 보이고
두 발 물러서면 두 치 앞이 보이나

깊은 잠에서 깬 듯
살던 곳이 희미하고

처지는 그대로인데

전혀 다른 곳에 있는 듯한
이 따듯한 느낌은 무엇인가

그곳이 진정한 나의 삶의 터였던가
이곳이 내가 살아야 했던 진실한 터인가

아침 기도

나의 어머니는 사발에 정안수 떠 놓고
온유한 마음으로 나무에게 바위에게
지극한 마음으로 달에게 장독대에
정성을 다하여 신에게 기도드렸습니다
자식을 돌보아 주십사고 남편을 지켜 주십사고
간절한 마음으로 굳게 의지하며
빌고 빌었습니다, 그러다가
삼라만상을 지으신 하느님이 계심을 배우고
우리는 죄인이고 구원하러 하느님 아드님이 오셨고
그 아드님이 우리 죄를 위하여 십자가에 매달려
처참하게 죽으셨고 죽은 후에 다시 살아나셔서
지금 우리와 함께 계심을 교회를 통하여 배우고
사후에 천국에서 영생하리라 배웠습니다
이 놀라운 신비의 가르침은
어머니들의 마음을 활짝 열어
하느님의 계시를 받아들였습니다
거룩하신 분의 권능을 마음에 간직하고
참 하느님이신 분이 여기에 지금 살아계시며
나를 얼마나 사랑하시는지를 느꼈습니다
세상사에서가 아니라

신앙의 마음으로 느껴지면서 믿었습니다
알 수 없는 평화와 기쁨이 샘솟듯 하였습니다
모든 것이 새롭게 거듭나고
모든 일이 잘 이루어졌습니다
나무도 바위도 달도 장독대도
하느님께 기도하는 존재로 보였습니다
삶의 지혜는 하느님으로부터 오고
모든 일은 하느님께서 이루어 주심을 알았습니다
자신의 존재가 얼마나 귀하며
하느님께서 사랑하는 자녀임도 알았습니다
더 이상 두려움에 움츠러들지 않습니다
하느님의 은총과 영광이
모든 어머니들을 돌보아 주심을 알았습니다
자식을 위하여 남편을 위하여
자신을 위하여 이웃을 위하여
정안수 떠 놓고 지극 정성으로
빌던 마음으로 살아가게 되었습니다
영광이 성부와 성자와 성령께
처음과 같이 이제와 항상 영원히 아멘!

생각나무

달거리를 시작한 단발머리 소녀는
들녘에 나가 생각나무 씨알을 심고 돌아왔다
백합꽃이 그려져 있는 예배당 담 밑에서 주웠다
사금파리 틈에서 유난히 눈길을 끌던
까맣고 동그란 씨알, 들녘 대비뚝 수멍 통 근처에
심고 돌아온 날 몹시 앓았다
열이 오르고 정신이 혼미해져 밤에는
헛소리를 하다 깼는데
달력에 그려져 있는 계곡물 그림이
소리를 내며 흐르고 있었다
액자 안에 수놓은 두루미는 나와서
방안을 이리 저리 날아다니고
노송 위에 얹혀 있던 달이
뜨겁게 소녀의 가슴으로 들어 왔다
잠결인 듯 꿈결인 듯 하늘에는 선녀가 거닐고 있었다
이튿날 아침 창문을 환하게 비친 햇살은
여느 날과 다르게 신비롭고 찬란했다
정신은 명료하게 사리를 분별하고
달거리의 불안은 사유의 문을 열었다
알 수 없는 물음이 파도처럼 일렁이며

마음이 설레기 시작했다
들녘에 생각나무 자라나듯 소녀의 꿈도 자라났다
소녀의 현실은 상상이 되고
삶은 들풀처럼 자연스럽게 돼가는 대로 따라 살았다
고통도 고통인 줄 모르고
겪는 대로 홀로 치열하게 견디며 살았다
누구에게 기댈 줄도 모르고
누구를 부러워하지도 않았다
신기하고 놀라운 세상에 질문을 던지며
이런 시도 저런 시도로 안개 속을 헤매며 왔다
신이시여, 신이시여
오로지 갈망은 신을 만나는 것
오로지 상상은 저 높은 곳에 가는 것
그렇게 세월을 보내고 고향에 돌아와 들녘에 나가보니
오래된 생각나무도 늙어
들녘에 홀로 서서
단발머리 소녀를 기다리며
생각 줄을 놓으려고 노을을 바라보고 있다

두려워하지 마라

–믿음에로의 길

마리아는 아기를 잉태하고 마음이 어떠하였을까
처녀가 아기를 가졌으니 죽음을 느꼈으리라
그런데 열여섯 살인 마리아가
"내 영혼이 주님을 찬양하며 내 마음 기뻐 뛰노나니"
어떻게 그렇게 기뻐할 수가 있었을까
나는 아무리 생각해도 내가 그 처지라면
부끄럽고 창피해서 사람들 앞에 나서지도 못하고
두려워 떨면서 걱정과 한숨으로
우울한 나날을 보냈을 것이다
그런데 "나를 구하신 하느님께 내 마음
기뻐 뛰노나니" 하였다
나에게 그런 일이 일어났다고 생각하니
죽고 싶은 생각뿐이었을 것이라는 생각만 든다
어떻게 해야 할까, 그 순간을 생각해 본다
죽음을 받아들여야 하는 순간
자신의 존재가 사라지는 순간
세상으로부터 비난받고 버림을 받아야 하는 순간
그저 아무런 저항 없이 받아들여야 하는 순간
태어남조차 거부하고 싶은 순간

그 청천병력과 같은 순간에
존재의 허약함과 미소함 앞에서
무릎 꿇고 내뱉는 한마디는 오로지
"신이시여!"
자신의 한계를 뛰어넘는 존재를
부를 수밖에 없었으리라
그때에 "내가 너와 함께 있다"
라는 존재자의 목소리를 들은 사람
그 또한 거부할 수 없는 순간
절박한 상황에서 누가 함께 있다는 위안
새로운 생명의 긍정이 용기를 주는 순간이다
그것은 신으로부터 오는 능력이다
신의 존재를 만나는 순간이다
신의 존재를 확신하는 순간이다
인간적인 자신의 나약함이 일순간에 사라지는 순간이다
자신 안에 내재된 어마어마한 힘을 느끼는 순간이다
보잘것없는 자신의 처지가
신을 잉태하는 처지가 되는 순간이다
이제 마리아는 더 이상 여린 열여섯 살 소녀가 아니다
그 확실한 증거를 잉태하고 있다
자기 몸에 잉태된 신
그것은 인간적으로는 죽음이다
신의 몸으로 거듭난 마리아
이제 마리아에게서 나오는 잉태된 몸은

신의 이름으로 세상에 사랑을 펼칠 것이다
어떠한 신일까
그 신은 보통 사람과 똑같이 아주 평범하다
누가 죽이려 해도 아무것도 할 수 없는 아기로 태어나
누군가 먹여주고 씻겨주고 보살펴줘야 하는
아주 미소한 존재 그렇게 있을 수도 있는 신이다
자라면서 친구들과 어울려 놀면서 싸우기도 하고
맘 상해 돌아와 잠자리에 드는 신이다
사춘기에 들면서 자신이 누구인지 알기 위하여
깊은 고뇌에 빠지기도 하는 신이다
세상 이치에 관심을 갖고 다른 사람들 살아가는 모습에
경이로움을 느끼는 신이다
특히 보잘것없는 존재에 관심을 갖고
가장 보잘것없는 존재에 더 많은
사랑과 긍휼을 느끼는 신이다
그리하여 어떻게든 그들에게 힘과 용기를 주려고
자기의 전 존재를 내어 놓은 신이다
세상에서 가장 보잘것없는 인간이
자기임을 인식하는 신
자신은 태초에 천지를 창조한 권능을 기진
신이었음을 보여준 신이다
그 능력을 가장 보잘것없는 모습으로
세상에 드러내어 가장 위대한 업적이
이루어진다는 것을 보여주신 신이다

나는 이제 마리아가 왜 죽음처럼
두려움을 겪을 수 있는 상황에서
기뻐 가슴이 설렌다고 하였는지 알았다
그것은 인간적인 능력이 아니라
한계를 지닌 사람이 신의 존재를 느꼈고 확신하였으며
그 앎도 신에 의해서
계시됨으로 알게 됨을 알았다
나의 신앙은 탄생되었고 신앙으로 양육된 나는
살아가는데 힘과 용기를 갖게 되었다

"두려워하지 마라 내가 너와 함께 있다"
하신

하느님
주 예수님

길을 거닐며

보도블록 틈새에
뿌리내리고

가냘프나 당당하게 자라서
앙증맞게 꽃을 피운 너를 보니

내가 얼마나 사랑받고 있는지
알게 해 주어 고맙다

살아있음을 기뻐하고 있는
지금 너는

나의 스승이다

아아트만에게

밤차의 긴 하품이 비 내린 길 위에서
나른하게 젖어갑니다

문득 새벽녘 그믐달이 끝내 마치지 못한 빛으로
생각에 잠겨 머뭇거리다 여명에 지워지듯이
그리움은 다시 제자리로 돌아와 여운을 지웁니다

인연의 그림자 안에서
그대는 어쩌면 그토록 야위어 있습니까

기적 소리에 묻혀 아스라이 멀어져 간
젖은 뒷모습은 그때처럼 아픕니다

그대가 적어준 사색의 글귀들을
그날 밤새도록 읽고 또 읽었습니다

빗소리가 읽어 주는 언어들, 언어들의 안타까운 감미로움

속삭이듯 들려오는 목소리가 고아서
내 사랑의 언어는 유치할 뿐입니다

힘든 이유

기준을 너무 높게 잡았나 보다
아무리 발버둥 쳐도 뜻은 더 멀어졌다

조금 가까이 갔다고 깃발을 흔들고 나태해졌다
그때마다 추락했다

다시 시작하고 다시 시작하고
세월은 흘렀어도 있는 곳은 꿈꾸던 처음 자리
기준을 낮추었어야 했다

이제는 이루지 못한 꿈이 없어졌어도 편하다
애쓰기만 하였는데 상금이 크다

새벽마다 그분께 속 풀이 한 덕분이다
제정신 아니게 사는 나의 정신을 바로 세워 주셨다

이제는 어떻게 살던
흉 될 것도 흉볼 것도 없는 나이가 되었다

모든 것이 고맙고 사랑스럽다

소나무

바위섬 절벽 위에 휘어져 서 있는 소나무

발아래 바다로 향하여 내민 가지는
바람 한 점도 소홀히 하지 않은
시간의 표상이다

하늘을 받쳐 든 뒤틀린 몸은
바람결에 흔들리며 자리를 지킨 신념의 표상이다

바위에 뿌리내리기가 그리 쉬운가
휘어지며 살아있기가 그리 쉬운가

하느님의 이름으로나 해독 가능한
저 모진 삶에 온유함을 지닐 자 누구인가

나는 오늘도 바위섬 절벽 위에
서 있는 소나무 한 그루를 보면서

알 수 없이 흐르는 눈물을 막을 수가 없다

수평선

물결은 해변으로 밀려들어
섬과 섬으로 통하는데

하늘과 바다 갈피에는
그만큼만의 사랑을 하도록

침범할 수 없는 이성의 칼날로

사람과 사람 사이에
금을 그었다

결

감추어 두었던 눈물을
퍼 올릴 때마다
바람이 베이고 간 발자국

지워지지 않는
슬픈 곡조의 춤사위
그 흔적이다

별

그리운 임의 눈빛입니다

오로지 영혼으로 찾아나서는
칠흑 같은 골짜기

어둠이 짙어, 고요가 깊어
마음이 평안해질 때

별 하나 내려와
나의 심방에 듭니다

모든 것은 죽지 않고
숨어 있는 것이라고

어둠의 골짜기에서
기다리고 있었답니다

나는 임을 만나
수수께끼 놀이를 합니다

물

돌을 맞아도
금세
평온하다

참으로
순하다

소식을 기다리며

메마른 세상에 목이 타는 상추
이슬로 연명한다

갈증을 안으로 접어
낮에는 웅크리고

쓰디쓴 진물만 줄기에 고여
피돌기도 더뎌

목숨만 살아있으면
언젠가 오시리라

하늘에선 뜨거운 햇살
땅에서는 치받는 열기

해갈을 기다리며
빌고 또 빈다

담

내가 사는 곳 마당에는
울타리가 있어요

담벼락이라고도 하지요

담이 낮은 이웃과
별난 것을 하면 담 넘어 나눠 먹어요

얼마 전에 왼쪽 집에
부자가 이사왔어요

담은 높아지고 집도 굉장히 커요

별난 음식을 해도
나누어 먹을 수가 없어요

몇 달이 지났는데
인사도 못했네요

유년에 부른 노래

"나는 주의 화원에 어린 백합꽃이니
은혜 비를 머금고 고이 자라납니다
주의 은혜 감사에 나는 무엇 드리리
사랑하는 예수님 나의 향기 받으소서"

"담 밑에 봉숭아 어여쁜 봉숭아
그 누가 날마다 키우시나
하늘에 계시는 우리 주 예수님
온 세상 만물을 키우신다"

자고나면 날마다 동네 예배당에 가서
춤추고 노래하며 유년을 보냈다

내 생애 가장 행복했던 시절
나는 그때 평생 누릴 은총을 받았다

살아오면서 단 한 번도
주님은 나를 떠난 적이 없었다는 것을
나는 이제야 느낀다
〉

잘못을 저질렀을 때는 두려운 마음을 주셨고

당신을 찾을 때는 언제나
평안한 마음을 보여 주셨다

사람들은 나를 귀여워해주며
웃었지만 내가 아니라 내 뒤에 서 계신
예수님을 보고 있었다는 것을 뒤늦게 알았다

단 한 순간도 나를 떠나지 않으신 예수님
나는 참으로 행복한 사람이다

그런데 가장 불행한 사람인 줄 알고
쇠퉁부리며 살아왔다

얼마나 안타까워 하셨을까
내 곁을 지키시느라고 얼마나 고달프셨을까

이제 내가 사람들로부터 받는 칭찬은
모두 예수님의 것이다

예수님! 그렇지요?
저요, 유년으로 돌아갔나 봐요

나비의 속삭임

저기

저

꽃이

너를

보고

참

예쁘대

새 노트를 열며

십여 년 넘게 매일 새벽마다
그날의 독서와 복음을 쓰고 예수님께 편지를 쓴다

아둔한 마음으로 전날 있었던 일을 공책에 쓰다보면
언짢았던 일들이 정리가 된다
제일 행복한 시간이다

내가 유일하게 가져보는 자유로운 공간, 나의 블로그
나의 마음이 서투르게나마 적나라하게 들어있다

맞춤법도 틀리고 띄어쓰기가 틀리지만 쓴다
화풀이도 사랑의 속삭임도
고향에 갔다가 젊은 날의 추억도 데려온다

나의 단두대, 나는 이곳에서 나의 마음을 나무에 건다

용기를 내서 벌거벗고 나의 마음을 들여다본다
그리고 드디어 나는 달라졌다

갈등

일이 정해지고 약속도 했는데

무리다, 무리다

속삭이는 말에 생각해보니 무리다

인간적으로 현실적으로 무리긴 하지

갈등하다가 기도한다

너 혼지만 마음이 산란하구나
그들은 평안한데

그분께서 말씀 하신다

너도 평안하거라
가고 안 가고는 내가 알려 주마

영전에 드리는 글

총명한 눈빛으로 허공에 활시위를 당기어
공기를 가르며 날아가는 화살
얼마나 당당하고 거침없이 날아가나
마음은 당당했나이다
마음의 울림은 진솔했습니다
끊임없이 신에게 물음을 던지며 괴로워했고
세상과 화해하려 몸부림치면서
영혼은 눈총 속에 망가져 가고
자유는 명분에 갇혔습니다
죽음으로 자존을 지켰으니
승리의 깃발을 영전에 꽂으십시오
세상의 눈총과 집단의 아집과
권위에 희생당한 죄인이라는 명패를 달고
죽을 수밖에 없었던 희생에 경의를 표합니다
임이시여
별들의 나라에서 꽃으로 피어나시오
꽃향기 온 누리에 가득차면
사람들 눈빛은 순해지고
임은 민족의 역사에 복이 될 것입니다

친구여

우리는 먼 길을 왔군
봉우리를 향하여 손잡고 오다가
계곡에서 냇물에 손을 씻으며 마주보고 웃었지
바위 앞에서는 친구가 먼저 기어올라
손을 잡아당겨서 올려주며 또 웃었지
꽃을 좋아한 친구는 꽃길로 들어서고
물을 좋아한 나는 골짜기를 따라 갔지
가끔 '야호' 소리로 어디쯤 가고 있음을 알려주었지
그러다가 그 소리도 안 들릴 때
나는 외로운 길로 들어섰지
친구도 그랬을까
밤이 오고 날이 밝아 와도
친구랑 헤어졌던 곳을 찾을 수가 없어
두렵고 허전한 마음으로 그리워하기만 했지
어디서 꽃들과 놀며 행복해 하겠지
아니 나를 그리워하며
나 있는 데로 오고 있을지도 모른다고 생각했지
나도 물소리를 들으며 우리가 오르자고 나선
산봉우리를 향하여 올라갔지
이제 봉우리에서 우리는 만났지
친구는 그 산 봉우리에 나는 이 산 봉우리에

그곳은 꽃이 만발하고 이곳은 바람에 시달려 죽은
주목이 장승 같이 서 있지
벗이여, 우린 꼭대기에 서 있네
백발을 휘날리며 하늘 가까이 있네
세상으로 내려가기에는 다리가 후들거려서
그냥 바라보기만 해야겠네
벗이여, 우리가 저 아래 세상에서 만났을 때
참으로 행복한 나날을 보냈었지
친구가 밥을 사면 나는 영화를 보여주고
내가 밥을 사면 친구가 영화를 보여주고
커피숍에서 일상의 애환과 내면의 갈등을 풀어놓으며
신앙과 지식도 서로 공유하며
나라 걱정도 함께 얘기하며 기도하자고 했었지
그런 날들이 스쳐 지나가네
이제 친구는 그 산에서 나는 이 산에서 명을 다 하겠지
살아오면서 친구 같이
속이 깊고 온유한 사람을 만나서 행복했네
친구가 그 산 위에 있고 내가 이 산 위에 있어도
우리는 똑같이 하늘을 향하여 왔으니
하늘나라에서 만나세

갈증

마당엔 푸석거리는 먼지 폴폴
자숫물을 텃밭에 끼얹으면
햇볕이 얼른 가져간다

미루나무 오그라든 잎새는
바람에 목쉰 소리 요란하고

손그늘로 하늘을 바라보면
눈물 글썽이던 먹구름도 없다

냇가에 졸아붙은 물로
밤마다 키질하여 기우제 지내도
목이 타는 들녘

끈질기게 버티는 곡식들
이마에 땡볕이 담금질한다

끼리끼리

아파서 성한 이들과 함께 있고 싶지 않고
가난해서 부유한 이들과 어울리지 못해요

외로워서 군중 속이 더 외롭고
슬퍼서 축제에서 더 슬퍼요

외로운 이들과 함께 있으면 외롭지 않고
아픈 이들과 함께 있으니 위로를 받아요

젊은이들은 젊은이들끼리
노인은 노인끼리

말이 통해서 즐기며 나눠요
처지를 살펴 주는 마음이 아름다워요

그래서 내 친구는 산마을로 갔나 봐요
나도 그곳으로 갈까 봐요

거기에는 나 같은 사람들이 모여 산대요

무늬

어둠 속에서 울음을 삼키며
상처 입고 살던 사람들을 눈여겨보신 하느님

바늘만한 구멍으로 들어온 빛이 날개에 무늬를 그립니다

기어서 먹은 잎사귀의 섬유질 속에서
햇살의 찬란한 빛깔을 꺼내어
정성을 다하고 힘을 다하여 목숨 붓으로 그립니다

날개로 몸을 칭칭 감고 바늘 구멍만한 빛을 따라
촉수를 디밀고 몸을 최대한 줄여
빛이 이끄는 대로 나아갑니다

기억을 잃어버린 채 놀랍고 신기해
눈부신 허공을 날며 두루 두루
새 하늘 새 땅을 날아다닙니다

향기에 이끌려 꽃에게 가서
앉아도 되냐고 어찌 그리 곱냐고 말을 걸어 봅니다
〉

꽃들이 인고의 시간에 깨달은
이야기를 해주면 귀 기울여 듣습니다

그리고 날개를 펼쳐 무늬를 보여 주고
꽃이 들려 준 말을 전해 주러 다른 꽃을 향해 떠납니다

아름다운 이야기를 물고 날아가는
무늬 고운 나비를 보면 눈여겨 볼 것입니다

그리고 혹독한 어둠을 견디며
희망을 품고 끝까지 기다린 시간을 사랑했던

나비의 날개에 그려진 무늬를
내 혼에도 새겨 있는 무늬를 사랑하렵니다

시신기증

평생 동안 두려움에 떨던
심장이 감사하게 함이다

평생 동안 얕잡아보던 눈빛
겸허하게 빛나려 함이다

평생 동안 줏대 없이 고뇌하던 뇌
바른 생각으로 행복하게 함이다

평생 동안 남에게 빚만 진 삶
몸으로 보답하려 함이다

되돌려 줄 것 없어 마지막 날에
새롭게 태어나려 함이다

나를 받은 사람이 빛과 소금으로
값있게 살아가길 바라는 마음이다

동굴을 나오면서

동굴 속은 그대를 만나기 위한
빛과 어둠이 섞이는 지혜의 거푸집이었습니다

나는 그저 그곳을 통과하면서
내가 누구인지 모를 정도로 혼돈에 빠졌습니다

이제 동굴 밖에는
이제껏 보이지 않던 나의 다른 면이 모여 있습니다

거짓 뒷면에 웅크려 있던 진실이
의심 뒷면에 울고 있던 믿음이

화려한 장식 뒷면에 숨어있던 소박함이
무섭게 강한 뒷면에 숨 막히던 온유함이

광기 뒷면에 갇혀 있는 인고의 얼이
그토록 가까이 있었습니다

그대여, 나의 애인이여, 나의 신이여

그렇게 살아서 나를 여기까지 지켜 주고 있었음을
이제 제가 느낍니다

내 마음의 현주소

꿈을 꾸었네
입에서는 톱밥이 꾸역꾸역 밀려 나오고
겨드랑이에는 먼지가 뭉쳐져 있네

아, 거짓된 나여
얼마나 내가 남의 험담을 하였고
내 몸 구석에 허물이 숨어 있음을 그분이 보여 주시네
젊은이와 달리기를 하였네
다리가 꼬이고 뒤쳐지니
원 안으로 가로질러 오며 반칙을 하였네
그래도 또 결승선 앞에서 넘어져 젊은이에게 졌네

아, 어리석은 나여
그분은 내 마음 속 열정이 충만하여도
몸이 따라올 수 없음을 알게 하시네
입안의 톱밥과 겨드랑이의 먼지
다리 꼬임과 달리기에서 무모함
내 마음의 현주소임을 보여 주시네

다시 들녘에 서다

소녀는 이상했다
모든 것이 예전보다 좋아졌고
사람들도 많이 깨우쳤고
먹을 것도 풍성해지고
성현들의 좋은 말씀도 널려 있고
스승들의 가르침도 더 많은데
세상은 더욱 혼란스럽고
사람들 마음은 더욱 사나워져 가니
왜 무엇이 어떻게 잘못 되었는지
알기 위하여 어둠의 동굴로 들어가
두 마음을 저울질하며
낮인지 밤인지 시간을 모르고 살다가
동굴 밖으로 나오니 반세기가 지났다
동굴 안에서 있었던 것은 기억에서 희미하다
축복인지 불행인지 마음은 평안하다
하늘에서 내려온 평화
무엇인가 굉장한 일이 있었기에 소녀가 변화했을까
알 수 없는 일이다
다시 들녘에 서니 세상을 보는 눈이 달라졌다
그 또한 신비다

존재를 통곡하다

땅을 기어 다니며 살아야 하기에
껍질을 벗어야 한다

껍질에 묻은 온갖 오물로 몸이
갇히기 전에 수모를 벗어야 한다

고통스런 그 작업은 숙명이다

살아남기 위한 죽음과 같은 싸움이다

달변의 혀도 선한 풀들은 외면을 하고

허약한 벌레들이 겁에 질려 웅크릴 때

독을 품는 죄 됨도 벗어야 한다

아프게 벗은 몸을 하늘에서 내리는
이슬로 씻어야 한다

기는 것은 숙명이다

오물 묻는 것도 숙명이다
껍질 벗는 것도 숙명이다
유혹 자라는 오명도 숙명이다

숙명을 거역하려고 고통스럽게 껍질을 벗어도

태생이 지음 받은 그대로 사는 일이다

살아야 할 이유가 억울한
뱀이라는 이름도 숙명이다

그렇거니 신은 지어내시고
보시니 좋았다 하셨으리라

겨울에 서서

햇살을 따라
옹벽에 난 구멍으로
어둠을 더듬어 나온 싹은

여름을 지나 가을을 건너
겨울에 섰다

이제 줄기만 남아
죽은 듯이 있다

봄을 기다리며

나는 인생의 겨울에 서서
결코 돌아오지 않을 청춘을

단 한 번 뜨겁게 데인 봄을
기억하고 있다

파도여

기어드는 밀물은 갯벌을 덮으려다
떠밀려서 되돌아가지만

언제부터인지 내 몸에 들어와
마음 벽을 허문다

음표를 그려서 아픔을 치유하는
노래를 부르랴

파도여, 파도여
차라리 몸조차 허물어 버려라

그날의 기억도 부수어
하늘에 속죄의 제물로 바치게 하라

선택한 길

아래로 내려가는 길에 생의 보람 있다기에

더 가치 있게 살고 의미 있게 살고 싶어서

마음은 편하지만 육신은 고된 길
마음은 불편해도 육신은 편안한 길

저울질 하다 선택한 길은 좋았어요

그대를 향하여 발길을 옮겼으니
유혹을 이겨낸 나를 칭찬해 줄래요

몸은 고되나 마음이 평안한 길
당신이 가신 길이지요

3부

사랑의 별

인공위성이 보여 준 우주 공간을 보니
검은 물체들이 찢긴 종이 같이 날아다닌다

무엇일까 곰곰이 생각해 보았다
영원히 어둠으로 떠도는 죽은 별은 아닐까

자기 집을 찾으러 가고 있는 떠돌이 영혼일까

자기 집을 찾은 영혼은
하느님을 뵙고 기뻐 빛나리니

사랑하는 마음으로, 사랑하는 눈빛으로
사랑하다 본향으로 돌아간 별

어둠 덩어리로 우주를 영원히 헤맬 것인지
충만한 빛으로 세상을 영원히 지킬 것인지

다음 세상에서 맞이할 몫이리라

돌고래의 춤

물결 타는 돌고래를 보았다

첫눈에 반했다
얼마나 멋진 춤이었던가

하늘을 향하여 뛰어오를 때
나는 마음이 열렸다

돌고래는 내 영혼으로 들어와
눈을 맑게 해 주었다

눈길이 스쳐가다
잠시 머물렀을 뿐인데

어떻게 돌고래 춤사위가
어둠을 열고 녹을 씻어냈을까

도무지 그 아름다운 자태를
잊을 수가 없다

풍장소리

꽃빛 짙어갈 때
묵은 생각 퍼내고

맑은 물로 채우는 마음속에
두레박을 내리는 소리

복을 부르는 어울림에서
시름을 날리는 소리

깃발을 올려라
잔치를 벌이자

낡은 생각은 물러가라
새로운 깃발을 올리리라

아름다운 아가야

눈부시게 아름다운 너는
나에게 와서 내 모든 고통을 짊어졌다

입이 있어도 말 못하고
손이 있어도 만지지 못했다

일어서지도 고개를 들지도 못하고
눈빛만 황홀하게 맑았다

가끔 몸이 굳어지면서
괴로워하는 너를 내 몸처럼 아파했다

네가 가끔 배시시 웃으면
하늘과 땅은 박수를 치며 기뻐했다

아가야

뜻이 하늘에서와 같이
땅에서도 이루어지도록 나에게 온
아가야

〉

평생을 가슴에 품고 다니던
파스카의 의미를 꺼내어 네 앞에 놓고

나는 고백한다
너의 고통은 하느님의 사랑임을

고통에 찌들어 피폐된
사막에서도 생명이 살아있음을

그 생명이 피워낸 꽃이
눈부시게 아름다움을

아가야, 내 대신 고난 받는 아가야

내가 너에게 무엇을 해 줄까
어떻게 네 고개를 받쳐 줄까

무엇으로 네 고통의 의미가
얼마나 영롱한지 전할 수 있을까

발자국

지우는 일이 글을 쓰는 일이다

쓰고 나면 흔적은 지워지고
날개를 달고 떠나가는 꿈

나뭇잎이 달빛 싣고 스러져가듯
언어는 나의 발자취를 감춘다

우주 공간 어느 곳에서 떠돌아다니리라

이루지 못한 존재의 꿈이
거기서 소리 없이 떠돌리라

비 오는 날에

젊은이가 억수로 내리는 비를 맞으며
진흙탕 길을 간다

나도 젊은 날에 아무도 모르게
홀로 생명의 고통을 끌어안고 아파하며
빗길을 걸으며 눈물을 흘렸었지

고독이라는 병을 앓았나 보다
모든 생명이 지닌 빙의를 아파하며
사치스러운 병치레를 했었나 보다

그림자를 들여다보고 뒷모습에 눈길이 더 가던 시절
무엇이 그리 가여웠던지
모든 생명은 기쁨에 차 있고
존재 그 자체로 신의 영광을 드러내고 있는데

그걸 알기까지 평생 천형과 같은
고독이라는 병을 앓았다
젊은이여, 그대가 앓고 있는 고독이
먼 후일 신의 영광을 찬미하기를

당돌한 소녀

감히 예수님처럼 살고 싶다고 들녘에서
중얼거리던 소녀

사람들에게 이바지하고 착하게 살고 싶다고
들녘 바람에게 속삭이던 소녀

예배당 종소리를 뒤로하고 나서
괴로운 방랑의 길에 들어선 소녀

창가에서 달을 보며 창가에서 별을 보며
신이시여! 신이시여! 애절하게 부르던 소녀

겉은 멀쩡하고 얌전해도
마음은 진흙탕에서 허우적거리며

빛이시여! 빛이시여! 울부짖던 소녀
당돌하게 말하고 평생을 어둠 속에서 떠돌던 소녀

늙어서도 고향 들녘 하늘 아래에서
들꽃이 되어 예수님과 이야기 한다

마지막 눈물

야윈 볼에 흐르는
가장 성스러운 한 줄기 강물

심판을 마치고
신의 품에 안겨

빛어진 때로 돌아가는
거룩한 영이 강을 건너는 의식

불 꺼진 그의 별이 찾아와
빛을 들고 가는 발길

이승과 저승을 가르는
강물이 뺨에 흘러도

스스로는 닦지 못 한다

하늘에서는 귀향을 축하하는
북소리로 그를 반긴다

꽃을 보며

마음속 어둠을 몰아내는
저 여린 꽃잎들
고달픔과 외로움을 이겨내고

찬란한 빛깔을 펼쳐내는
슬프도록 고운 꽃 빛

밝아졌다고 부르는 속 깊은 노래는
내 마음속에 꽃불을 지펴
얼음 덩어리가 사라지는구나

메마른 땅에서는 눈물을 흘려
뿌리를 찾아 갔더냐

네 얼굴빛이 찬란한 것을 보면
어둠도 아픔도 슬픔도

끝내는 기쁨이 되고
환상이 되는 걸 보여 주는구나

영결식장에서

웃지 않고 웃게 한 사람의
빈 관을 놓고 영결 미사를 드린다

활짝 웃고 있는 영정 앞에서 눈물은 헛되다
사랑이 분노 되다가
분노가 슬픔으로 변하다가
슬픔이 연민이 된다고 한 사람

연민이 죽음에 이르도록 사랑하고
분향 함께 하늘로 오르는 얼
못된 성깔에 상처받고 용서하며
아집에 치여 절망하다가 받아들이고
막된 말에 무참히 당하고도 웃던

슬프게 가면서 그 사랑 알게 하려고
마지막 가는 길에 내어 준 몸

그대는 조각조각 기쁨으로. 다시 태어나고
나는 그리움이 눈물이다

단발머리 소녀에게

잘 알지 못하는 길을 물어물어 찾아간 곳
동공이 퍼져 있고 어둔한 말로 엉뚱한 말을 하며
도우미 손에 끌려 온 사람들의 발걸음이 멈춘 곳
여기에 꽃을 그려 보라
저기에 생각나는 얼굴을 그려 보라
이곳에 집을 그려 보라
삼백예순 문항 답에 빗금을 쳐 보라
점들을 이어 그림을 이야기해 보라
망망대해에서 뒤집힌 배로구먼!
당신 안에 당신이 없다!
삶의 중간 중간에 나타나서 길 흩으러 놓고
엉뚱한 데로 데리고 간 어릴 적 치유되지 않은 상처라
안개속인 듯 동굴 속인 듯 끌려다니다 길 잃어버린
소녀가 아직도 방황하고 있다
내가 나이기를 포기한 삶을 버리려고 왔는데
내가 없다고 한다 사랑하는 마음이 전혀 없다고 한다
나를 깨우는 소리 천둥 같아도
허공 어느 곳에 있는 듯 까마득하다
겨울밤 얼음 갈라지는 소리는
내 안의 나를 몰라라 내동댕이친 내가

얼음 판 위에 웅크려 앉아 멍하니 있다
잘못 짠 틀에 끼어 반세기를 살아온
아직도 크지 못한 아이 단발머리 소녀는
우둑 우둑 깨지고 있는 얼음 판 위에 있다
오십 여 년 빈 배처럼 세월을 떠내려 온 나
예쁘고 착한 소녀야
너무 오래 추운 곳에 홀로 있게 해서 미안하다
햇살 고운 이 날에
물결 부드러운 이 호수에
새로운 배를 만들어 태워주랴
일어서거라, 당당하게 고통의 기억을
파도타기 하며 즐겨라
동상 걸릴라 젖은 옷 말려 주고
안아 주마, 이리 오너라

이끼의 노래

숲속 그늘에서 살아도 감사하며
나무 밑동 습기만으로도 번져갈 수 있음에

초록빛 목숨을 이어가기 위해
잎사귀에서 떨어지는 빗방울 하나도
소중하다

나뭇가지 사이로 보이는
하늘 한 뼘으로도 감격하며

풀잎 사이로 지나가는 바람 한 점에도
까치발 서고

키도 크지 못하고 기어서 살아도
하늘의 축복이 온몸에 쏟아지는 듯

낮도 밤 같아 밤도 낮 같아

촉촉하고 넉넉하게 어깨 부비며 초록빛이다

꿈꾸는 그날

별들이 초롱초롱 빛나며 광활한 우주를 지키고 있다
그 중심에 하느님의 영이 있다
모든 생명은 하느님을 향하여 찬양과 흠숭을 드리고
내가 그중 하나다
지금은 몸을 입고 있어 땅에 있지만
몸을 벗는 날
내 평생 그리워하던 임께서 오시리라
내 손을 잡고 저 광활한 우주를 지나
빛으로 들어갈 것이다
지상에서의 삶은 하느님 안에서 축복이 되고
예수님께서 선포하신 기쁜 소식은
그렇게 이루어질 것이다
무겁고 아픈 짐을 지고 가는 자들에게
희망을 주시는 예수님
나는 이 길을 갈 것이다
너의 하느님께서는 너로 말미암아 기뻐하시리라.

사유의 길

숲속에서
바람 와서 노니니 그림자 서로 비껴
키 낮은 풀들은 숨을 쉬며 춤을 추고
골고루 나눈 초록 빛 햇살이 짙어간다

송홧가루
오월 산에 피어오르니 제 올리는 분향이라
그늘 밑에 못다 녹은 겨울 한기 품어 안고
돌조각에 내린 햇살 남겨 두고 가는 봄이다

구름
젖은 겨 입 바람 넣으시며 풀무질하시나
속눈썹에 맺힌 눈물 그렁그렁 눈 못 뜨니
이불 홑청 삶아 널고 눈물 닦는 엄니 손이네

산비둘기 울음
깊은 산골짜기에 속울음도 목이 쉬니
젖은 날개 접는 소리 산마루에 묻히고
그 누가 들어 주랴 참다 나온 울음소리
〉

출발

이 몸 죽어 흙이 돼도 아무렇지 않은 듯
세상은 미동 없이 그대로고 햇살은 찬란하여
할 말 두고 가는 길에 하늘 길 열려 있다

낙조

한 순간도 죄 됨 없이 오늘을 살다 접는
부끄럽지 않은 얼굴 당당하게 물러내며
새 빛 되려 내려가는 뒷모습이 찬란하다

부스럼을 보며

갈등의 파도가 밀려와서
몸 구석구석에 부스럼을 일으켰다

심연에서 무엇이 꿈틀거렸을까
감정을 억누른 찌꺼기들일까

무엇이 들어온 줄도 모르고
보이고 들리는 것에 흔들리고 있었나 보다

방심하는 사이 마음은 욕망을
거르지 않고 채웠는지

마음 바닥에 쌓이는 줄도 모르고 받아들였다

지치고 피곤하니 몸이 늘어진 사이
질투 시기 교만 욕심이 트림을 한다

피부의 부스럼이 알려 주는데
온몸을 감싸 주던 평화의 망토는 어디로 갔는지

다시 갈등의 파도를 유심히 보리라

산책길, 억새꽃

불볕더위를 이겨낸
억새꽃이

서릿발이 깔린 천변에
머리에 하얀 띠를 두르고
손에 손수건을 들고 서 있다

겨우 내내
언 땅을
칼바람을 맞으며
겨울을 지켜낼 것이다

하늘에서 내려주는
하얀 눈을 온몸으로
받으며

이 땅을 지켜낼 것이다

뜨겁게 뜨겁게

거리에서

길에 차들이 길게 정체되어 있다
모두 집에서 나온 것이리라
집안에 있으면 불안하다
세상이 어찌 돌아가는지
궁금하다
커피숍에는 젊은이들이 줄을 서고
공원에는 노인들이 가득하다
나는 모처럼 만에 외출하여
밖에서 위로를 받으려는 사람들
나는 지금 친구들을 만나서
속 풀이하고 집으로 가는 중인데
줄 서있는 차들을 보며 상상을 해 본다
홀로 계신 어머니를 만나러 가는 이
혼인 식장에 가는 이
장례식장에 가는 이
설교하러 가는 이
슬퍼하는 사람 위로해 주러 가는 이
홀로 바닷가. 거닐러 가는 이
사진 찍으러 가는 이
삶을 나누려 집을 나선 이

삶을 나누고 돌아가는 이
보이는 것은 자동차들
그 안에는 모두 다른 사연을 안고 있다
나도 그 중 한 사람이다
어제는 그랬었고 오늘은 이랬다
기쁜 날도 있었고 슬픈 날도 있다
생각해 보니 네 탓이라고 했던 일들이
내 탓이었고
내 덕분이라고 했던 일들이 네 덕분이다
어디를 향하여 가든 지금 최선을 다 하고 있다
궁극에 이르는 곳은
세상을 지으신 하느님의 뜻 안이다
내 어찌 감사하지 않으랴
부끄러워도 만나고 갈등이 생겨도 만나서
나 홀로가 아니라는 것만 알아도
삶은 얼마나 기쁜 일인가
우물 안의 개구리가 되지 않으려고
나는 지금 거리에서 지동차를
바라보고 있다

쭉정이의 변

고통스런 삶에 의미와 가치를 부여하면서
살아온 삶, 어느 날 문득
정지선에 서 있다는 느낌이 들었다
죽음이라는 현실이 느껴졌다
살아갈 날이 얼마 남지 않았다는 것보다
더 슬픈 것은 평생 깃발을 흔들며 살아온
삶이 가치가 없다는 느낌이다
언제부터인지 나도 모르게 심겨진 씨앗을
남모르게 키워왔나 보다
내 영혼의 풀 한포기 나름대로 꽃도 피우고
열매도 맺혔다, 살펴보니 쭉정이다
그러나 그게 나다, 더 이상 저 높은 곳을 향하여
가치와 의미를 사유하기에는 힘이 없다
그렇다고 보이는 것마다 신비요 설렘인데
이건 무슨 축복이란 말인가
즐기며 그냥 살라고 하는데
그 말이 나는 왜 불편할까
무엇을 어떻게 즐기라는 말인가
그렇다, 나는 쓰는 게 즐겁다
그러니까 쓰면 되나

속에서 넘쳐 나오는 샘물을 지면에 쏟아 놓는 것
쓰다가 죽어도 좋을 형벌 같은 거
빛이 아니어서 밝지도 않지만
꽃을 피웠어도 향기가. 없지만
열매는 쭉정이가 되었지만
왜 나는 쓰지 않으면 동상 걸릴 것 같은가
알 수가 없다, 마음에 묻어 놓기에는 견딜 수가 없다
생각만 하면 눈물이 솟는 감격
생각할수록 절절히 스며드는 그분의 사랑
그 연민의 눈빛을 어찌할 수가 없다
마음에 담아 놓기에는 내 속이 너무 적다
남은 삶은 줄어드는데 그렇게 견디어낸 시간이 지나갔다
나의 소망이 들풀처럼 소박하고 당당하면 좋겠다
하느님께서 인정해 주시고 키워 주셨으니
얼마나 존귀한가
여리고 작은 마음을 흔들어 풀밭을 벗어나려는 충동을
다스려야 하리라, 그분은 내가 행복하게 살기를 바라시고
여기까지 데려 오셨다, 지금도 그러하시다
가을 들녘을 보면 들풀이 어떠한 모습으로 있어도
행복이 그 안에 있음에 고개를 숙인다
오도송을 부르는 저 작은 들풀의 노래
하느님을 찬양하는 그들의 모습을 보려고
나는 오늘 그들을 만나러 산책길로 나선다
늦가을에도 새싹은 나온다

소망

저 급류를 이 작은 보로 막을 수는 없다

골방에서 울고 있는 울음소리를 듣지 않는다

그러나 하느님
약속하신 대로 이 나라는 하느님의 나라

선하고 진실하고 아름다운 사람들이 사는 나라입니다

사람이 다스리면 안 됩니다

주님을 두려워하는 자
주님을 경외하는 자
주님의 말씀에 귀 기울이는 자

늘 기도하는 자를 이 나라에 세워 주소서

예수님의 마음으로
사람과 세상을 바라볼 줄 아는 자를 보내 주소서

내 마음 속 그림

벽에 사자 한 마리
입을 벌리고 있는 그림
안으로 들어가기 무서워
주변만 맴돌다
되돌아오는 길에
돌아갈 곳을 잃어버릴 것 같아
용기를 내서 가까이 다가가 살펴보니
눈빛이 순하다
언뜻 보고 무서워한 것은
내가 나를 미워했기 때문이다

별에 대한 체험

호기심과 의심이 많은 나는
영원한 생명에 대한 성경 말씀을
무조건 믿을 수 없던 차

밤하늘의 별이 어마어마하게 많다는
천문학자의 말을 듣고 생각에 잠기던 차

어느 날 바닷가에서 밤하늘이 맑은 날
우박같이 쏟아지던 별

별 뒤의 별까지 벗 꽃잎 흩날리는 듯
죄다 떨어지던 날

내 가슴에도 별의 꽃이
피어오르던 날

우주 창공 가장 먼 별까지
빛을 드러내 주던 날
천지 창조 때 지음 받은
별의 근원까지

내 상상의 나래에 들어왔다

그건 모든 생명이 하늘에
별로 살아 있고
죽은 자들이 빛이 된 실체였다

지울 수 없는
지워지지 않는 체험에

긍정할 수밖에 없는 생명이
영원한 빛으로 거기 살아있었다

나는 그렇게 나름대로 영원한 생명에 대한
믿음을 갖게 되었다

산책길, 들풀

들풀들이 가느다란 손으로
가을 끝자락을 붙들고 누워 있다
그 위에 하얗게 서리가 내려
햇살은 까칠한 등에 손을 얹고
키 작은 코스모스는 활짝 피어
혼신으로 몸을 키워
애절하게 마음을 열었다
노래가 흘러나오는 저 꽃 입술
내가 잠든 사이, 바쁜 사이
하늘과 땅이 힘을 모아 너를 도와주었는지
어디 보자, 그 귀한 소리 들어보자
귀를 씻고 오래 머물며 듣는
오도송
지나가는 한순간을 마음에 남겨 둔다

산책길, 꽃들

해님이 불볕만 내릴 때
별빛을 바라보며 이슬로 견디어 냈다

매미가 대신 울어 주어 위로를
쓰르라미가 합성으로 속 풀이를

구름은 지나가며 시름을 걷어가고
개울물은 말라가며 나직이 불러 주었는지

늦은 날에 비가 내려 생기 돋아 꽃피우고
불볕더위 이겨낸 개선가를 부른다

초가을 산책길에 꽃들이 합창제 열었다

손녀와 햄톨이

누구를 위하여 태어났을까

손녀가 방과 후
생명과학 시간에 받아온 작은 생명
상자 안에서 낮에는 잠만 잔다

밤이 되면 일어나 홀로 벽에 매달려
철사 줄을 긁는 소리 집안에 가득하다

상자 안에는 편백 부스러기가
바닥에 깔렸고 잠잘 집과 미끄럼틀

모래가 담긴 목욕통과 먹을 물 나오는 관
먹이통에는 먹이가 골고루 들어 있고

강냉이보다는 해바라기 씨를 잘 먹는다
손녀는 집에 오면 들여다보고

'햄톨아' 하고 부르면
죽은 듯이 있다가 두리번거리며 집에서 나온다

〉

운동시킨다고 꺼내어 방바닥에 놓으면
까만 눈동자로 빤히 바라보다가
잽싸게 제집 쪽으로 도망간다

손녀는 친구들을 데리고 와서
햄톨이와 놀면서 까르륵까르륵 웃는다

태어나서 오십일 만에 탈장 수술하고
세 살 때 넘어져 입안을 수술하고

얼음 공주가 된 손녀에게
웃음을 찾아주려고 햄톨이를 키우게 했다

자신을 위해 태어났어도
남을 기쁘게 하려고 갇혀서 살다 가는
가여운 햄톨이

손녀에게, 손녀 친구들에게
순한 마음과 웃음을 주는 작은 생명

남에게 기쁨을 주기 위해 태어나
홀로 놀 줄 아는 햄톨이

괜찮아

아닐 거야
내가 잘못 알고 있는 것일 거야
나는 망상도 상상도 착각도 잘한다고
늘 들어왔으니까 그런 사람이야 하면서
내 생각과 느낌은 언제나 잘못되었다고 했어
느낌을 존중하는 나는 내 느낌이 잘못되었기에
나를 부정하면서 살아왔어
그래도 희망만은 놓지 않았어
어리석음에서 헤어나올 때
아니면 내 느낌이 확인될 때
나에 대한 신뢰와 긍정의 날이 오리라는 것을 믿어
그러나 느낌을 확인해 본 적은 없었어
증거 없이 느낌만으로 확신한다는 것은
더 잘못인 줄은 알거든
그렇게 나는 내 맘 안 상하게 한다는 명목 하에
거짓말을 들으며 살아왔어
지금 평안은 가짜야 그래도 괜찮아
살다 보면 진실로 평안할 때가 올 거야
그날까지 견디기만 하면 돼
어차피 내가 선택한 내 인생이니까

그도 나와 똑같은 생각이겠지
이제 좋은 날이 오지 않아도 돼
충분히 치열하게 살아왔으니
나중에 느낌이 잘못되었다고 확인되어
내 삶이 거짓되었다고 할지라도
내가 나한테 실망한다 하더라도
나의 선택이 탁월했음을 기뻐할 거야
괜찮아 나의 삶에 최고의 선물
그가 어떠한 사람인가는 중요하지 않아
주님은 지긋지긋하게 말을 듣지 않는 나를 선택하셨고
나는 그를 선택하였으니
그 대가의 몫은 모두 나의 것이야
이제 모든 것은 제자리로 돌아갈 거야

사랑하는 사람아

저 여린 풀들도 꽃을 피워
세상을 밝게 하는데

저 작은 새도 노래하며
세상을 즐겁게 하는데

개천에서는 물방울들이
어깨동무하고 흘러가는데

저 고운 나비는 춤추며
꽃에서 꽃으로 이야기를 전하는데

조금 있으면 사라질 저 이슬도
잔디 위에서 저리 영롱한데

너는 왜 홀로
웅크려서 찡그리고 있느냐

가을 숲을 바라보며

나무들이 서로 바라보고 있다
따듯한 시선으로
살아남기 위하여 애쓰던 모습을
서로 비춰주고 있다
함께 혹한의 얼음 밭에서
불러야 하는 겨울 노래를 위하여
음표 하나씩 땅 위에 그려 붙이며
연습을 하고 있다
그 합창을 나는 기다린다
뜨겁게 뜨겁게 부를 것이다
봄비가 속살을 간지를 때까지
부활을 위한 축가를 연습하기 위하여
가을 나무들은 이파리 하나씩
허공에서 음표를 만들어
발아래 쌓아놓으며
따듯하게 눈시울을 붉히고 있다

고요 속으로

물가에 백로 한 마리 하늘을 향하여
긴 목을 들고 가만히 서 있다

먹이를 기다리는 것도
친구를 기다리는 것도 아니다

하늘도 보던 하늘, 구름도 기억나는데
발아래 강물도 느껴지는데 자기를 찾는 중이다

나도 왼발은 심장보다 높이 올려놓고
누워서 지낸지 달포가 되었다

상처가 잘 아물기를 기다리는 것도
감각이 둔해지는 것도 아닌데

창밖에서는 장애를 입은 사람들의
신비로운 고요가 있음을 알려 준다

물가의 백로나 나는 닮은꼴이다

언니의 향기

오월 신부 되어 서울로 간 시골 처녀
베이고 데여 흉터 많은 손으로 편지 봉투 안쪽에
깨알 같은 글씨로 성경 구절 쓰며
세상의 빛과 소금이 되는 것이 꿈이었던 나의 언니
아카시아 꽃처럼 묵상 글이 줄줄이 적혀 있었다
사느라 애쓰다 일찍 하늘나라에 간 언니
아카시아 꽃이 피면 향기는 언니다
어릴 적 떼쓰던 나를 달래준 향기다
애기 업고 있는 나를 보러 와서
눈물 그렁그렁 맺힌 눈으로 바라보다
돌아가던 뒷모습이 눈에 선하다
오월이면 하얀 면사포 쓰고 아카시아 꽃향기로 다가와
짧고 굵게 살고 싶었다고
예수님을 좋아해서 성경 말씀대로 살다간 언니

나의 언니

언니는 밤송이를 가슴에 안고 살얼음판을 살다 갔다
해진 천에 포대기를 방석 삼아 밥상을 책상 삼아
편지봉투 안쪽 면에 깨알같이 적혀있던
성경 구절과 묵상 메모
어린 시절 쑥 캐러 가서
집에 가자고 해도 소쿠리에 넘치는 쑥을
엉덩이로 눌러가며 조금만 더 조금만 더 하며
나를 울게 했던 언니
읍내 시오리 길 육 년을 개근하며
여고를 전체 졸업생 중에 차석으로 졸업할 때
교장 선생님의 특별상까지 받아
우리 집 자랑이었던 언니
육 남매 동생들을 위해 대학을 포기하고
동네 교회에서 청년회 주일학교 반사를 하며
청운의 뜻을 내려놓았던 언니
겨울밤이면 언니 연필 굴리는 소리
언니 책상 위에는 언제나 고독한 산보자의 꿈
하나의 나뭇잎이 흔들릴 때
운명의 별이 빛날 때 데미안, 파우스트, 신곡이 있었다
언니는 내 인생의 첫 모델

날씬한 몸에 교복을 입고 나서면 눈부셨다
어려서는 언니를 졸졸 따라다니다
언니 친구들에게 혼나기도 했다
그런 언니를 만나려고 따라다니던 그 많은 총각이
대문에 서성거리다가 호랑이 할아버지한테
혼나며 도망가곤 했다
언니는 이십 대 후반에 서울로 시집갔다
꿈 많은 시골 처녀가 서울로 시집가서
드센 시어머니와 중풍 시아버지를 모시고
옹졸한 남편에게 시달리며 시동생과 살면서
어지간히 힘들었나 보다
쉰여덟 살에 생을 놓고 하늘로 갔다
첫아들 낳고 누워있던 언니의 모습은
내가 거룩함이 무엇인가를 처음으로 알게 했다
신기하고 놀라워 눈물이 났었다
언니는 해마다 아카시아 향기로 온다
언니, 나의 언니, 언니의 훌륭한 정신을 닮고 싶었고
그 삶을 글로 쓰고 싶다
고고하고 깔끔하고 줏대 있고 근면 성실했던 언니
저 높은 곳에 뜻을 두고 살던 사람이
먹고 사는 데에만 급급하고 자기만을 아는
사람과 사는 것이 얼마나 고달팠을까
언니가 살아있다면 나에게 얼마나 힘이 되어 주었을까
지금 나의 눈물을 닦아 주었을 것이다

생의 결

물결이 일렁이듯 삶에도 굴곡이 있어

지나온 세월을 되돌아보니
마디마다 눈물방울이 햇살에 영롱하다

수평선에 꿰어 있는 찬란한 아픔의 구슬들
아롱진 흔적의 무늬들

목에 걸고 갈까나, 허리에 두르고 갈 거나

기쁨과 슬픔의 매듭들은
풀리지 않아도 좋을 나의 생애

존재의 여정을 빛내주는
저 찬란한 아픔 덩어리를 어이할거나

산책길, 새벽

밤이 새도록 얼음길 지켜주던 외등은
마을을 새벽에게 맡기고 눈을 감는다

강에선 새벽빛 눈부셔 물안개 하늘로 오르고
강가로 나와 물길 가르며 줄지어 가는 물오리

빛을 맞이하며 긴 목을 세우는 백로
갈대사이 햇살 들어서니 깨어 일어나는 억새

산마루 올라선 햇살에 빛나는 서릿발
눈빛이 영롱하다

건물 벽에 당도한 햇살은 멈추어 있고
창문에 당도한 햇살은 안으로 들어간다

온 누리에 들어간 빛으로 환하고
내 마음 속까지 들어온 햇살로 따듯하다

밝게 주어진 하루는 슬프던 기쁘던
축복 속에 시작되고 있다

젊은 날의 노래

맑은 하늘에 눈을 씻고 숲을 향해 가슴을 열면

귀 기울이지 않아도 나직이 들리는
푸른 잎새들의 노래

섬유질마다 그려 있는 햇살의 움직임이
음표 사이에서 은근히 퍼져 나왔다

설레임을 길어내는 리듬
바람결에 들려오는 제 곡조는
푸르른 날 고뇌의 흥얼거림

아름다운 반향은 노래가 되고
지칠 줄 모르고 읊조리던 뒤틀린 사유도

살아가는 이들을 사랑하는 영혼의 음보였다

파도

가시철조망 밟고 하얀 피 흘리며

그대에게 달려가면
오로지 무심한 그대

물비린내 절은 그리움 키우며 다가가

하얗게 피로 얼룩진 몸
그대 앞에 풀어 놓고

아프게 아프게 뒤돌아보며

바다에 몸을 던진다

바닷가에서

물결이 일어서다
춤을 추는 바다

저 반짝이는 춤은
바다의 꿈이고 언어다

깊이를 모르는 나는
반짝이는 생각의 촉수를

햇살을 만나
거대한 밑바닥에서 올라온

흔들리는 언어의 춤사위에
발바닥이 간지럽다

좋은 숲 나라

숲을 휘젓던 바람이 슬그머니 골짜기를 나간다

다시 고요해진 숲에서 나무들의 속삭임

편하게 살고 싶어?
뿌리부터 썩을 거야
잘난 척 하고 싶어?
가지가 잘릴 거야
혼자만 크고 싶어?
밑동이 베어질 거야

어린 나무는 하늘을 향하여 팔 올리고
다 큰 나무는 땅을 향하여 팔을 내린다

철모르면 키워 주고 넉넉하면 나눠 주는
휘둘려도 당당하고 잃더라도 의연한

그대가 사는
좋은 숲 나라에 가고 싶어

지혜의 별

별의 눈빛과 나의 눈빛이 서로 닿는 순간

빛보다 빠른 눈빛이 오고
빛보다 빠른 눈빛이 가는데

어찌 시간을 잴 수 있겠습니까

사람의 마음속까지도
꿰뚫어 보시는 하느님이신데

하늘을 바라보는 이의
속을 아시는 것은 축복입니다

사람이 이성으로는 못 뵈어도
몸에 밴 느낌으로

천당은 하늘에도 있고
사람의 마음속에도 있음을

아는 것은 하느님 은총의 지혜입니다

씨앗

그때, 눈여겨 둔
씨알 하나
지금 생각나서 찾으려 하니
어디로 가야할지
너무 아파 나중에 오겠노라
그대로 있으라고 했는데
그 빛나는 눈빛
지금 또렷이 나타났다 사라졌는데
생애 마지막 날에
내 안 깊은 데에 꽃이 되어야 할
가슴에 남아 있는 것 같은 얼굴
어찌하여 나타났다 사라졌나
안개 자욱하다
너 어디 있니

나비의 입

무슨 은밀한 말을 해서
저 모란이 고개를 끄덕이며
꽃잎 하나 또 펼치느냐

강 건너 순이네 오두막 창가에
향기 잘 놓고

병치레 하던 아이가 나아서 부른
감사의 노래라도 가져왔느냐

재넘이에서 재넘이로
오두막에서 오두막으로
꽃에게서 꽃에게로

쉼 없이 기쁜 소식을 전해 주는
너는 천사의 입을 가졌다

노을 스러지면

그리움 안에 갇혀
살아온 삶이 애달팠어도
바라보는 것조차 아깝던 그대여
붉게 타오르는 노을 스러지면
그리움도 어둠에 잠기리니
그때는 지난날 뒤돌아보지 말아요
뒤늦게 내 마음 알아도 슬퍼 말아요
어둠에서 숨진 삶의 흔적
찾을 길 없이 흘러갔어도
사랑의 빗장 잠글 일 없이
애간장 녹듯이 즐거웠으니
노을 스러지고 나 흙으로 돌아가면
사랑받느라 망가진 그대를 위해
사랑하느라 행복했던 나를 위해
별이 밤을 지새울 것입니다

빗방울

하늘을 가리며 떠돌던 먹구름 속에서
앞서거니 뒤서거니 하나씩 떨어져 나와

허공을 가로질러 천 길 아래로 내려올 때
흐트러지지 않으려고 땅을 꿰뚫어 보았으리라

어디에 가 닿던 스스로는 선택할 수 없어
찰라 같은 시간으로 허공에 빗금을 그었으리라

흔적이 사라지면 긴장도 풀려
이내 도달하여 으깨지며 깨어나는 의식

어둠 한 점 끌어안고
흘러가는 눈물이 되었으리라

미루어둔 허드레 일상을 한 곳으로
모아 쓸어가는 빗자루가 되었으리라

웅덩이

생각만이라도 가고 싶은 대로 가고
하고 싶은 대로 하고
말하고 싶은 대로 말할 수 있다는 것은
얼마나 감사할 일인가
생각마저 빼앗긴다면 얼마나 슬픈 일인가
상상만이라도 살아서 웃을 수 있으니
그 또한 위안이 된다
오늘도 귀한 하루를 선물 받았는데
저 하늘과 하루해가 축복하는데
무엇을 더 바라랴
무너져 내려 패인 곳에 길들여진 눈으로
볼 수 있는 것만 즐겨도 얼마나 큰 축복인가
하늘이여 땅이여 웅덩이 꼴을 보고
슬퍼하지 말아 주오
물이 탁해지고 말라가도
먹구름 지나가다 울어주면
호수요

노년의 자유

열정이 식은 것도 아니고
감성이 죽은 것도 아니다

밖으로 나가던 열망이
안으로 들어와 제자리에 있다

상상이 바람을 데리고
지난날 아름다운 시간으로 가나

언제든지 멈추다가 떠나다가
얼마든지 밀려가든 밀어내든

춤추며 노래하며 마음속을
유유히 흘러

부끄러움은 죽음처럼 끝났다

이제부터 영혼의 자유다

감나무 골

골짜기 구비 구비 천수답 가장자리
비에 젖는 늙은 감나무 잎사귀가 붉다
추적추적 감잎을 내려놓는 마당에 서서
어린 소녀처럼 웃는 뺨이 붉은 할머니
이마의 주름이 겹꽃잎처럼 곱다
방안에는 시도 때도 없이 녹아준
촛불의 나지막한 고요
오늘 새벽에도 기도했을 흔적이다
살아서 도망 다니다 모여든 순교자 후손
낮에는 옹기 굽고 밤에는 모여 기도하다
남편은 잡혀서 재 넘어 끌려가고
아내는 숨어서 자식 키우느라
해 다 가는 줄 몰랐다
겨우 살아서 신앙의 맥을 이어온
할머니들이 여울지는 물소리 함께
기도하며 마을을 지키고 있다
어둠이 내려도 짐승이 울어도
무서운 줄 모르는 할머니들이
서로 의지하고 주님 사랑 믿으며 살아
내리는 비는 거룩하기도 하다

마지막 가는 길을 위하여

그가 이 세상에서 멀어질수록
그의 눈은 맑아져서 세상을 더욱 또렷이

그가 세상에서 멀어질수록
그의 눈은 밝아져서 더 넓게

그의 몸이 잦아질수록
그의 영의 빛은 점점 커지며
살라 만상을 한 눈에

죽어가는 사람 잎에서 조용히
귀를 기울여야 할 것이다

모든 것을 꿰뚫어 보고
모든 소리를 들을 수 있는 그가
남아 있는 사람에게 해 주고 싶은 말이 있다

그 말을 듣기 위하여
그의 곁에서 귀를 기울여야 한다
〉

이 세상에 살면서 하지 못했던
이 세상에서 가장 거룩한 말이 몸에서

가장 거룩한 시간에
조용히 떠날 수 있도록 남아 있는 사람들은
사랑의 눈빛으로 바라봐야지

이제 그는 순수한 영으로 우리를 바라보며 멀어져

하늘나라에 가시면
살아있는 사람들을 위하여 기도해 주시오

우주 공간에는 많은 영이
자기 별을 찾아가느라 돌아다니고
자기 별을 찾은 영은 영원한 안식에 들고

그에게는 과거도 미래도 없다
시간도 몸도 없이 영원한 존재다

그 준비를 하고 있는 그에게
남아 있는 사람들은 얼마나 그를 사랑하는지

눈빛으로 말해 주면
가는 길이 더욱 밝을 것이다

가시밭의 흰 백합화

그대 발이 핏물에 잠겨있네
가시를 비껴가며 올라와
긴 목을 떨구어 땅을 기어 다니는
개미를 보고 있으니 하늘 향하기가 부끄러웠더냐
밤이 오나 낮이 오나
속에서 우러나오는 향기를
땅에 기어 다니는 생명에게 내어주느라
발에 피가 흐르는 줄을 몰랐더냐
그 향기 다 내어주고
갈색 주름진 얼굴
가시는 더욱 무성해지는데
오그라든 그대 등이 의연하구나
기다리고 기다려야 하리
해가 바뀌면 그대 눈부신 자태
다시 피어나리니
눈이 오고 그대 허리 꺾기고 쓰러져
그 몸이 상해도 봄이 찾아오리니
그때까지 발밑에 흥건한 피는 뜨거우리라
하늘에서 밤마다 별들이 눈물을 글썽이고
하늘에서 밤마다 달이 쓰다듬어 주니

가시덤불이 무성해도
그대를 죽이지는 못하리라
그대 발아래 옹골지게 묻혀있는
존재의 핵 알갱이는
신도 어쩌지 못하리라
시들어가면서도 굳건한 그대의 정신
꽃잎을 떨구면서도 당당한 자기 긍정
견디고 있는 모습이 더욱 빛나는구나
가시밭의 흰 백합화여
겉모양이 보잘것없이 수척해질수록
그 넋은 더욱 당당하다
누가 그대를 위하여 내년 봄을
마련하고 있는 줄 알려 주더냐
가시는 무성해서 시들지도 않는데
순백의 청초한 넋을 홀로 지키고 있는 이여
잘 견디어 내리라 믿노라
찔려서 아파도 태어난 땅을
절대 버리지 않는 그대여

세월호

바다에서 허리 꺾인 세월호가 엉덩이를 쳐들고
보는 이들의 눈물을 받아내고 있다

선거에 이긴 이는 그 앞에서 고맙다고 하고
엄마들의 울부짖음은 피 바다에 흥건하다

나는 문득 어둠 속에서 솟구치는 생각이 있다

나의 미래를 안고 바다에 고꾸라진
저 부실한 괴물 상자는 많은 비밀을 안고 있다

하느님의 자비를 거부했고 하느님의 뜻을 거역했다

나라까지 끌고 바다에 수장시킨
저 괴물 상자 안에서는 누가 두목이었을까

착하고 공부 잘하고 말 잘 듣는 우리 아이들이
핸드폰에 대고 '엄마! 나! 죽는 거?'

세월아, 세월아 너는 알고 있다

무엇이 너를 안개 속으로 끌고 가
네 몸에 구멍을 내어 너를 가라앉게 하였는지

그리도 큰 네 덩치가 그리도 쉽게
아이들을 데리고 수장될 수 있었는지를

세월! 세월! 외치며
촛불 켜고 기도하던 사람들의 혼을 먹으며
깃발을 올리는 사람들이 있었음을

그 깃발의 펄럭임으로 민심은 혼란에 빠지고
그 틈을 타 권좌에 올라

청렴한 나라님 머리에 용수를 씌우고는
슬픔에 젖어 있는 나라에 칼을 대고
선비 정신의 충신들을 도려냈다

저 이상한 괴물의 출현으로
인간의 위대한 영혼은 겁에 질려
놀란 눈을 돌릴 틈도 없이

괴물도 밤마다 들리는 아이들 울음소리로
견딜 수 없다, 하는 짓마다 하는 말마다
미친 짓이다

괴물의 춤사위는 계속되어
어느 곳에 있든 광기에 빛나는 눈을 보았노라

그의 마음에도 하느님의 영이 있어
저 부자유스럽고 불안한 눈빛으로 나타나는 것이리라

안개 속 세월이가 괴물의 주변을 맴돌고 있어
엉뚱한 행동으로 가리는 실체를 나는 보았노라

내가 하느님의 뜻을 거슬러 뭔가를 보고 있다면
나는 어떻게 이 죄를 갚을 수 있을까

모든 것이 하늘 아래 드러나는 날
국민의 얼을 빼앗아 마비시킨 저들의 음모는
낱낱이 그 대가를 받아야 하리라

억울한 죽음의 울부짖음이 하늘에 닿아
아이들의 혼이 위로를 받는 날
모든 국민은 분연히 일어나리라

비굴했던 지식인도 용감해지고
궁지로 살아온 석학들도 목숨 걸고 나서리라

이제 바다는 더 이상 예전의 바다가 아니다

가뭄에

이슬만으로 연명해가는 저 숲이
살아남기 위하여 오그라들고 오그라든다

밤에 내리는 이슬 한 방울도
뿌리에만 흘려주기 위하여

조금씩 타들어 가는 속을
돌돌 말아 물기 아끼는 잎사귀들

온 몸이 타들어가는 고통을 참으며
키를 마디게 키우고 있다

질기게, 질기게 견디고 있다

때가 되면 비가 오고 꽃도 피어날 그날을
희망을 품고 견디고 있다

□ 후기

그동안 가슴 안에 있는 불덩어리로
품어 나오는 대로 글을 썼다
주님께서 주시는 말씀이라는 신념이 있다
부끄러운 마음과 배짱이 서로 부딪치면
사람들이 안 보는데 사릴 것 없다는 생각에
올라오는 대로 썼다
스스로 변명하고 긍정하면서
이번에 책으로 묶고 싶다는 생각을 하고
정리하면서 보니 900여 편이다
내 마음의 변, 신앙고백, 나라걱정
세 분류로 나누어 보았다
이번에는 나의 이야기로서
그동안 어둠의 세계에 갇혀 있다가
헤어 나온 후의 느낌과 생각들을 묶었다
'부끄럽다는 생각은 교만이다'
글 쓰는 시간은 주로 아침 기도가 끝난 뒤이다
고대 건물 벽화를 보면서 그들은 벽에 흔적을 남겼다
살아 있었고 어떻게 살았는지
남기고 싶었듯이 나는 하느님으로부터
생명을 받았고 지구라는 별의 대한민국에 살았으며
여자로 태어나 여자이기 때문에 겪어야 했고

사람이기 때문에 신앙을 가졌으며
신앙으로 하여금 나 자신이 무엇인지 알게 되었다
혼돈과 좌절, 알 수 없는 세계에의
동경과 체험을 통하여
인간이 얼마나 신적 능력을 가질 수 있는지도 알았다
모든 인간이 그렇다는 것도 알았다
하나에 몰두하면 끝장을 보는 인간의 기질
그것이 선에 꽂혔을 때 하느님은 은총으로
이끌어 주심도 알았다, 신앙은 선과 악을 가르쳐 준다
그 판단의 기준은 성경이다
거기에는 악한 영과 선한 영을 구분해 놓았다
신앙 안에서만 가능한 기준이다, 교회 밖에는 그게 없다
나는 악한 영에 사로잡혀 휘둘림 당하다가 헤어 나왔다
울부짖음과 몸부림, 두려움과 공포
그 속에서 내가 할 수 있는 일은 기도뿐이었다
길고 긴 싸움이다, 나는 감히 말할 수 있다
하느님께서 승리의 깃발을 올려 주셨다고...
그 싸움을 하면서 내 마음이 세상을 바라보며 느낀 것을
어둠 속에서 벽화를 그린 고대인처럼
내 마음의 상태를 글로 그려냈다
하느님께서 생명을 주셨고

존재를 인정해 주셨음을 알기까지 평생 걸렸다
이제 나는 나를 긍정하고 사랑한다
하느님께서 인정해주시고 사랑하시는데
내 어이 감히 나를 긍정하지 않으랴
지난날의 그 혹독한 폭풍우 한파는
나를 알아가는 길에서 만난 또 하나의 나이다
이제 나는 평화로운 마음과
평범한 생활 속에서 일상을 이어 간다
행복한 삶이다, 앞으로의 삶은 내 것이 아니다
내 뜻대로는 안 될 것이다, 하느님께서 하시리라

■□ 해설

상처와 고난을 위무하는 여랑(如浪)의 詩

김광기(시인, 문학과사람 발행인)

송복례 시인의 시(詩)에서는 바람 냄새가 난다. 얼마 전에 송복례 시인이 '여랑'이라는 별호(別號)를 쓰고 있는 것을 알게 되었다. 여고 때부터 써온 호(號)라 한다. '여랑'이라는 말을 들으니 그 말 속에는 '바람'이라는 의미가 있을 것 같다는 생각이 들었다. 나름대로 물결과 같다는 여랑(如浪)을 떠올리며 송복례 시인과 참 잘 어울린다는 생각도 하였다. 그녀의 삶 속에는 늘 바람이 불고 있는 것 같았고 그녀의 시 또한 바람 속에서 나부끼는 언어의 이미지를 갖고 있기 때문이었다. 왜 강렬한 깃발 같은 이미지가 아니라 잔잔히 흔들리는 머플러의 이미지가 떠올랐을까 하는 생각이 들기도 했다.

그리고 시를 찬찬히 살펴 읽으며 알게 되었다. 그녀의 시는 바람보다는 물결에 가까운 시적 정조를 갖고 있었다. 바람에 흔들리지만 허공으로 날아가지 않고 깃발을 잡는 폿대가 없지만 우리의 주위에서 항상 잔잔히 나부끼는 정조(情調)의 시(詩), 그것이 송복례 시인의 시가 갖는 특성으로 받아들여졌다. 삶의 비의(悲意)를 담고 잔잔하게 흔들리고 있는 송복례 시인의 시는 자신이 지나온 삶의 뿌리뿐 아니라 어머니와 그 어머니의 어머니 대대(代代)의 삶이 숙성된 연원을 갖고 있고 아버지 그 아버지의 아버지 대대(代代)의 삶이 시인의 일상에 남겨 놓은 무의식의 뿌리를 갖고 있었다. 그래서 거친 세파에도 날아가지 않고 그렇게 오랜 세월을 굳고 강하게 버텨내면서 잔잔히 주위 사람들의 상처와 고난을 위무(慰撫)하고 있었는지 모른다.

혹자는 시인을 다른 사람들의 슬픔을 대신 울어주는 곡비(哭婢)와 같다고 말하기도 한다. 송복례 시인의 시는 자신의 슬픔뿐만 아니라 모든 세상과 이 시대의 슬픔까지도 함께 싸안고 있다. 그리고 그것을 미시적인 우주 속 자신의 틀 안에서 녹여 세상에 흐르게 한다. 그리고 다시 한 번 반추하며 깨닫게 한다. 그녀가 지은 수많은 작품 속 하나하나의 의미가 각기 나름대로의 새로운 의미를 생성시키며 떠오르는 것이다. 아니 흔들리며 흘러가고 있는 것이다. 그것이 물결 같은 바람이 되기도 하고 바람 같은 물결이 되기도 한다. 또한 송복례 시인은 다작(多作)을 하는 듯한데 그것은 아마도 시(詩)라는 것이 그녀의 삶에서 이제는 객관적 상관물이 아닌 그녀의 삶과 공생하는 그런 관계이거나 이미 그녀의 숨결이나 호흡이 되어버린 일체성 때문이 아닌가 한다. 그래서 그녀의 시는 무의식의 호흡 속에서 분출되듯 법문이나 기도문처럼 뿜어져 나온다. 그렇게 여랑(如浪)의 작품이 된 연유나 흐름을 살필 수 있는 몇 편을 살펴보기로 한다.

어머니는 온유한 땀방울을 보석으로 만들어 유산으로 물려주고 노을 진 들녘에는 치열하게 살아온 여랑(如浪)의 이야기가/ 두루마리 안에서 삶의 고단한 흔적과 함께 가지런히 엮어서 아우르고 있다 –「서문」 중에서

봉숭아 채송화 씨도 뿌리고
나팔꽃도 분꽃도 피워야지

백합뿌리도 심고 장미 나무도 심고
목련과 모란도 꽃피우면
사립문 앞 미루나무는 하늘에 닿겠다

울안은 꽃향기로 환하고
달도 별도 향기를 맡고
어린 시절 달밤처럼 놀러 오겠다

흠 없이 살다 간 사람 어디 있으랴
욕망에 짓눌리지 않은 사람 어디 있으랴

–「시골집 꽃밭처럼」 중에서

언 하늘 아래
찬바람에 얼어 죽을 것 같은
목숨 있어 슬픈 억새여

미친 듯이 흔들리지 않으면
미칠 것 같아
흔들리며 고요에 들었는가

별을 향하여 눈감고 상상하거나
바람 귀에 떠밀려 웃어보거나
외로움에 젖어 중얼거리거나

무엇에라도
홀리고 싶어

죽은 듯이 있으면
바로 서려는 뿌리의 몸부림

줄기 꺾일 것 같아
달빛 부여잡고

처절하게 견디고 있었던가

흔들리며 흔들려도
흔들려야 목숨 부지하는데

얼음땅 밑으로
뜨겁게 물길 찾는 억새는
고요하게 흔들리고 있었던가

－「그해 겨울 억새는」 전문

하늘 향해 피워 올린
선혈의 찬가

함부로 발설하지 못한
하늘의 비밀을 알았음이야

하고픈 말이
가시로 박혔음이야

그대와 내가 가까이 할 수 없음도
침묵의 가시 때문이야

서로 다가서면 가시에 찔려
드러날 비밀

선홍색 입술 안에
향기를 물고 있음이야

침묵한 열정이
찬가로 피어났음이야

–「흑장미」 전문

시인은 '서문'에서 "치열하게 살아온 여랑(如浪)의 이야기가/ 두루마리 안에서 삶의 고단한 흔적과 함께 가지런히 엮"여 있다고 한다. 그 삶의 흔적들이 「시골집 꽃밭처럼」의 작품 속 언어처럼 욕망의 줄기처럼 꽃을 피우고 향기를 품고 있지만 「그해 겨울 억새는」의 작품에서처럼 "언 하늘 아래/ 찬바람에 얼어 죽을 것 같은/ 목숨"이 "미친 듯이 흔들리지 않으면/ 미칠 것 같아/ 흔들리며 고요에 들"고 있다고 한다. "흔들려야 목숨 부지하는" "얼음땅 밑으로/ 뜨겁게 물길 찾는 억새"처럼 삶을 치열하게 견디고 있다고 한다. 그리고 그 모진 삶의 편린들은 「흑장미」에서처럼 "하늘 향해 피워 올린/ 선혈의 찬가"가 되고 있다. "함부로 발설하지 못한/ 하늘의 비밀" 같은 것은 '가시'로 남겨둔 채 말이다. "서로 다가서면 가시에 찔려/ 드러날 비밀// 선홍색 입술 안에/ 향기를 물고" 고요 속의 찬가는 기도문처럼 잔잔히 흐르고 있다. 그 침묵의 열정이 시로 빚어지는 찬가로 피어나고 있는 듯하다.

나무들이 서로 바라보고 있다
따듯한 시선으로
살아남기 위하여 애쓰던 모습을
서로 비춰주고 있다
함께 혹한의 얼음 밭에서
불러야 하는 겨울 노래를 위하여
음표 하나씩 땅 위에 그려 붙이며
연습을 하고 있다
그 합창을 나는 기다린다
뜨겁게 뜨겁게 부를 것이다
봄비가 속살을 간지를 때까지
부활을 위한 축가를 연습하기 위하여
가을 나무들은 이파리 하나씩
허공에서 음표를 만들어
발아래 쌓아놓으며
따듯하게 눈시울을 붉히고 있다

–「가을 숲을 바라보며」 전문

고향에 돌아와 들녘에 나가보니
오래된 생각나무도 늙어
들녘에 홀로 서서
단발머리 소녀를 기다리며
생각 줄을 놓으려고 노을을 바라보고 있다

–「생각나무」 중에서

끼리끼리 뭉쳐서 말하고 있는 울타리 안
올 곳이 못되는 이곳 은유의 세계

감추어져 있을수록 신비롭고 수려하니
드러나지 않은 속내를 느낌으로나 알아야지

보이지 않는 뜻을 냄새로나 느껴야지
해독이 안 되어도 좋다 참 좋다

하다 보니 돌에 맞아도 피가 안 난다

허참!

마음을 알아보기란 이토록 어려운 걸
내 어찌 마음을 밖에다 펼쳐 놓으리

한 마디 한 마디 음미하며 헤적거리는 동안
새벽 여명에 서서히 드러나는 마당

상처 깊은 이들의 승화된 속사정이 제대로 보인다

-「울타리 안에는」 전문

송복례 시인의 시에서는 고향의 이미지가 많이 그려져 있다. 고향 속에는 아버지 어머니 언니 등의 가족들이 있기도 하지만 꽃과 나무, 숲 등의 이미지가 많다. 그리고 시인은 자신의 존재 의미를 그 사물들의 존재 의미들과 크게 다르지 않다고 생각한다. 그래서 자신의 모습을 나무에 빗대기도 하지만 무형적인 자신의 생각조차도 나무에 빗대어 형상화하고 있다. 또한 그 형상들은 「가을 숲을 바라보며」에서처럼 "서로 바라보고 있"으며 "따듯한 시선으로/ 살아남기 위하여 애쓰던 모습을/ 서로 비춰주고 있"다. "함께 혹한의 얼음 밭에서/ 불러야 하는 겨울 노래를 위하여/ 음표 하나씩 땅 위에 그려 붙이며/ 연습을 하고 있"기도 하다. "봄비가 속살을 간지를 때까지/ 부활을 위한 축가를 연습하기 위하여"

"나무들은 이파리 하나씩/ 허공에서 음표를 만들어/ 발아래 쌓아 놓으며/ 따듯하게 눈시울을 붉히고 있"는 것이다. 그리고 「울타리 안에는」에서처럼 "드러나지 않은 속내"를 "한 마디 한 마디 음미하"듯 "헤적거리"며 "상처 깊은 이들의 승화된 속사정"을 하나하나 헤아리려 한다. 시인과 대상들이 서로 다르지 않게 오붓이 한 울타리에서 온정적으로 존립해 있어야 함을 강조한다.

나를 바라본다

절망을 추스르며 삶의 의미와 가치를 추구하며
치열하게 살아왔다고 깃발을 흔들었는데
몸과 마음이 텅 비었다

그냥저냥 살았으면 맘만이라도 깨끗했을 것을

혼돈의 진흙탕을 헤집으며
존재 이유를 찾아 헤매다가
선해지려는 열망도 진실해지려는 수고도
아름다움에의 동경도
이제는 멍에가 되었구나

빈터에는 달빛만 고요한데

나아갈거나 머무르거나

오, 주여

–「정지선에 서서」 전문

그 어둠으로 허물을 지워도
괴로움의 무게는 더욱 짙어

밤을 기다리다
숨어드는 양심은

슬픔이 묻어 있는
마음의 모양새입니다

–「그림자」 전문

십자가는 나의 달구지
나를 싣고 임에게 갑니다
기꺼이 지고 가게 하소서

임은 나의 무덤, 마지막 날에 내가 묻힐 곳

주님 안에서 거듭나게 하소서

-「나의 임」 중에서

거룩하신 분의 권능을 마음에 간직하고
참 하느님이신 분이 여기에 지금 살아계시며
나를 얼마나 사랑하시는지를 느꼈습니다

-「아침 기도」 중에서

감추어 두었던 눈물을
퍼 올릴 때마다
바람이 베이고 간 발자국

지워지지 않는
슬픈 곡조의 춤사위
그 흔적이다

-「결」 전문

시인이 위의 작품 「정지선에 서서」에서처럼 "절망을 추스르며 삶의 의미와 가치를 추구하며" "혼돈의 진흙탕을 헤집으며" 존재의

미를 찾으려 하는 것은 "선해지려는 열망" "진실해지려는" 마음, "아름다움에의 동경" 때문이었는지도 모른다. 그것은 선한 인간의 의지를 실현하고자하는 시인의 삶의 가치관이며 미학을 추구하는 예술적 삶으로밖에 살 수 없는 시인의 본능적 열망 때문이었으리라. 하지만 그것이 인간의 힘만으로는 충분히 가닿지 못하는 한계를 갖기에 「그림자」에서처럼 "그 어둠으로 허물을 지워도/ 괴로움의 무게는 더욱 짙어// 밤을 기다리다/ 숨어드는 양심은// 슬픔이 묻어 있는/ 마음의 모양새"와 같이 "주님"의 "십자가"처럼 힘들고 어려운 삶의 고난이 된다. 그래서 시인은 위의 「나의 임」「아침 기도」에서처럼 절대자(하느님)를 향해 끊임없이 기도하며 생의 "달구지"를 끌어가고 있는 듯하다. 위의 작품 「결」의 "감추어 두었던 눈물을/ 퍼 올릴 때마다/ 바람이 베이고 간 발자국// 지워지지 않는/ 슬픈 곡조의 춤사위/ 그 흔적"들처럼 말이다.

송복례 시인은 끊임없이 기도하며 삶의 굴곡을 짚어내며 운명과도 같은 자신의 길을 걸어가고 있지만 "물결이 일렁이듯 삶에도 굴곡이 있어// 지나온 세월을 되돌아보니/ 마디마다 눈물방울이 햇살에 영롱하다// 수평선에 꿰어 있는 찬란한 아픔의 구슬들/ 아롱진 흔적의 무늬들// 목에 걸고 갈까나, 허리에 두르고 갈 거나// 기쁨과 슬픔의 매듭들은/ 풀리지 않아도 좋을 나의 생애// 존재의 여정을 빛내주는/ 저 찬란한 아픔 덩어리를 어이할 거나"(「생의 결」)에서처럼 자신의 존재 안에 박혀있는 삶의 비의적

편린들을 쉽게 포기하거나 타협하여 뭉그러트리지 않고 시시때때로 하나하나 성찰하며 바로세우기를 두려워하지 않는다. 끊임없이 기도하듯 삶의 방향을 묻고 끊임없이 그 의미를 반추하고 있는 것이다. 그것이 진정 깊은 곳에서 길어 올리는 정화수와 같은 삶이 된다고 믿고 있기 때문이다.